आख़िरी इ’श्क़ सबसे पहले किया

क़ाए’दे बाज़ार के इस बार उल्टे हो गए
आप तो आए नहीं पर फूल मंहगे हो गए

आख़िरी इ'श्क़ सबसे पहले किया

नो'मान शौक़

BOOKS
राजकमल प्रकाशन

BOOKS राजकमल प्रकाशन
रेख़्ता बुक्स और राजकमल प्रकाशन प्रा.लि. का सह-प्रकाशन

रेख़्ता बुक्स
बी-37, सेक्टर - 1, नोएडा
उत्तर प्रदेश - 201301

contact@rekhta.org
www.rekhta.org
www.rajkamalprakashan.com

आख़िरी इ'श्क़ सबसे पहले किया
नो'मान शौक़

ISBN : 978-81-937734-7-5

द्वितीय संस्करण : 2019

फ़ॉन्ट : योगेश यूनि

मुद्रक : यश प्रिन्टोग्राफ़िक्स, नोएडा

आवरण एवं पुस्तक सज्जा
रेख़्ता

सहयोग राशि : ₹ 200

एक और नया क़दम

'रेख़्ता फ़ाउन्डेशन' का बुनियादी काम, उर्दू शाइ'री के शब्द और अर्थ की ख़ूबसूरती, रंग-रस, संगीत, स्पर्श और ज़ाइक़े को ज़ियादा से ज़ियादा लोगों तक पहुँचाना और उन्हें इसके सम्पर्क में लाना है। इसीलिए 'रेख़्ता' वेबसाइट पर, उर्दू शाइ'री को दुरुस्त पाठ और मे'यारी चयन के साथ देवनागरी और रोमन लिपियों में भी पेश किया गया, ताकि उर्दू लिपि न जानने वाले उर्दू-दोस्त भी अपनी महबूब शाइ'री के रचना-संसार में दाख़िल हो सकें।

यही मक़्सद 'रेख़्ता बुक्स' की स्थापना का भी प्रेरणा-स्रोत रहा है, जो बुनियादी तौर पर उर्दू शाइ'री और उसके प्रेमियों के दर्मियान किताब का पुल बनाने का प्रकाशन-प्रॉजेक्ट है। आगे चलकर इसका दायरा बढ़ाते हुए, दीगर विधाओं, ख़ास तौर पर कथा साहित्य, आत्म-कथाओं, यात्रा-वृत्तांतों वग़ैरह को भी इस प्रॉजेक्ट का हिस्सा बनाया जाएगा।

'ग़ज़ल उसने छेड़ी' शीर्षक के तहत, अब तक की अहम उर्दू शाइ'री का एक विस्तृत संकलन देवनागरी लिपि में प्रस्तुत करने के बा'द, 'रेख़्ता हर्फ़-ए-ताज़ा सीरीज़' की सूरत में एक और पेशक़दमी की गई जो उर्दू शाइ'री की मौजूदा नई रचनात्मक संभावनाओं को रूनुमाई का मौक़ा' देने पर केंद्रित है। इस सिलसिले को कुछ और फैलाते हुए, अब कल और आज के स्थापित, महत्वपूर्ण और प्रतिनिधि शाइ'रों का कलाम इन्तिख़ाब की शक्ल में पेश करने का एक नया सिलसिला हाज़िर है जिसका आग़ाज़ अलग अलग अन्दाज़-ओ-अदा वाले समसामयिक शाइ'रों से किया जा रहा है। जल्द ही इस सिलसिले

के तहत, बहुत से ख़ुश-गो और ख़ुश-फ़िक्र शाइ'रों का कलाम पेश-ए-ख़िदमत[1] किया जाएगा। उम्मीद है कि उर्दू शाइ'री के बा-ज़ौक़ पाठकों में हमारी ये पेशकश भी मक़्बूल होगी।

संजीव सराफ़

संस्थापक, रेख़्ता फ़ाउन्डेशन

1 प्रस्तुत

और फिर बयाँ अपना

किसी का कथन है कि ताक़त की ज़रुरत सिर्फ़ दमन और अत्याचार के लिए होती है अन्यथा दुनिया में कोई काम ऐसा नहीं जो मोहब्बत से न हो सके। इस पर ईमान लाने को जी चाहता भी है और नहीं भी। अपने अन्दर की इस कशमकश में ऐसी जंग छिड़ती है कि शब्द बुरादे की तरह उड़ते हुए काग़ज़ के चेहरे को ढक लेते हैं।

एक ऐसी दुनिया में जहाँ मोहब्बत किसी उन्मादी भीड़ के सामने निहत्थी और अकेली खड़ी हो मैंने, उसके साथ खड़े होने को अपना कर्तव्य समझा और शाइ'री में ही सही, इसे निभाने की कामयाब या नाकाम कोशिश से बाज़ नहीं आया। हाँ, कभी कभी इस कोशिश की बदौलत गर्व की अनुभूति हुई भी तो फ़ौरन तौबा कर ली कि खण्डित प्रतिमाओं के साथ तैरते हुए आगे निकल जाने मात्र से मैं खुद को ईश्वर से बड़ा तो नहीं साबित कर सकता।

मेरे लिए शाइ'री में शब्द उस गोली की तरह हर्गिज़ नहीं जो पिता की पिस्तौल से खेलते बच्चे से नादानी से चल जाती है बल्कि उस फूल की तरह है जिसे शाख़ से उतारने से पहले ख़याली या हक़ीक़ी चेहरा बनाता हूँ जिसके बालों में इसे गजरे की तरह टाँकना है - मेरा निशाना साफ़ है, चाहे ज़द पर मैं ख़ुद ही क्यों न आ जाऊँ।

अपनी इन ग़ज़लों को आपके समक्ष रखते हुए उत्साहित होने के साथ-साथ आशंकित भी हूँ कि किसी ख़ुशफ़हमी से दूर-दूर तक मेरा कोई नाता नहीं रहा है। हर शे'र के साथ यह भ्रम भी जन्म लेता है कि इसे और भी बेहतर ढंग से कहा जा सकता था लेकिन यह प्रक्रिया निरंतर चलती रहती है, मेरे ठहर जाने के बावजूद रुकने का नाम नहीं लेती।

ऐसे कठिन समय में मुझे फ़ेडेरिको गार्सिया लोर्का याद आ रहे हैं जिन्होंने कहा था "यदि मेरी किसी रचना का उपहास होगा तो उन्हें (दोस्तों को) तक्लीफ़ होगी। मुझे अपनी रचना के कारण नहीं अपने दोस्तों की वज्ह से दुख होगा.... जहाँ तक कला का प्रश्न है, मुझे सचमुच उन लोगों की क़तई परवा नहीं जो मुझे प्यार नहीं करते या जिन्हें मैं जानता नहीं।"

रेख़्ता फ़ाउन्डेशन के प्रति ख़ास आभार व्यक्त करना चाहता हूँ जिसने उर्दू साहित्य को युवाओं और आ'म लोगों तक पहुंचाने की एक ईमानदार कोशिश की और मुझे प्रेरित किया कि आपको भाषाओं और लिपियों की दीवारें गिरा कर गले लगा सकूँ।

नो'मान शौक़

फ़ेह्‌रिस्त

ग़ज़लें

आठों पहर का ये तिरा मज़्दूर आ गया
जन्नत के द्वार खोल मिरी हूर आ गया

पैग़म्बरी का दा'वा नहीं आ'शिक़ी का है
पत्थर न मारिए जो सर-ए-तूर[1] आ गया
1 एक पहाड़ जहाँ मूसा को ख़ुदा का दीदार हुआ था

सबने सुनी जो रात की ललकार डर गए
सीना था जिसका नूर[1] से मा'मूर[2] आ गया
1 ज्योति 2 भरा हुआ

आग़ोश[1] उसकी ऐसी पुरानी शराब थी
नश्शे में ख़्वाहिशों के बहुत दूर आ गया
1 आलिंगन

बस्ता उठाइए कि ये मक्तब[1] नहीं है वो
बस्ती बदल गई नया दस्तूर[2] आ गया
1 पाठशाला 2 संविधान

क्या चाहिए ग़ुलाम को बस इक नज़र की भीक
शर्तें तमाम आपकी मन्ज़ूर आ गया

अपनी ख़ातिर ऐ ख़ुदा ये काम कर
एक दिन दुनिया को भूल आराम कर

याद है मज्नूँ मियाँ मेरा कहा
इ'श्क़ फ़र्मा दश्त में जा नाम कर

ख़ुश रहो कहते हैं जो पहचान उन्हें
दुश्मनों की साज़िशें नाकाम कर

एक रोज़ उसने क़रीब आकर कहा
रौशनी दे लम्स[1] की गुलफ़ाम[2] कर

1 स्पर्श 2 फूल जैसा जिस्म

क्या लिखा है इन किताबों में न देख
इ'श्क़ सच्चा है तो अपना काम कर

सौ जतन करके उसे राज़ी किया
जिस तरह भी हो मुझे बदनाम कर

ख़त में ख़ुश्बू-ए-हवस थी क्या कहा
ऐसा है तो ख़त का मज़्मूँ[1] आ'म कर

1 विषय, मन्तव्य

जिस्म मल्बूस[1] का यकलख़्त[2] नया हो जाना
सामने आना तिरा जश्न बपा हो जाना

1 पोशाक 2 अचानक

निस्फ़[1] ईमान पे नाचीज़[2] टिका है कब से
मान लेता नहीं बन्दे का ख़ुदा हो जाना

1 आधा 2 तुच्छ (अपने लिए अति विनम्रता प्रकट करने वाला शब्द)

देर तक उसने लगाए रखा सीने से मुझे
जिससे सीखा है दरख़्तों ने हरा हो जाना

दुश्मन-ए-जाँ हो अगर ऐसे ख़ुदाओं का हुजूम
हमने सीखा नहीं राज़ी-ब-रज़ा[1] हो जाना

1 नत मस्तक हो कर स्वीकार कर लेना

आज सर काट के जन्नत नहीं माँगी तुमने
है बुरी बात नमाज़ों का क़ज़ा[1] हो जाना

1 छूट जाना

ऐसे मन्सूबे[1] को नाकाम करेंगे हम लोग
इसमें शामिल है अगर तेरा ख़ुदा हो जाना

1 योजना

गया बेकार आख़िर ये बरस भी
मोहब्बत भी अधूरी है हवस भी

उसे बस सोचना और लिखते रहना
यहीं तक है हमारी दस्तरस[1] भी
1 पहुँच

बड़ा दा'वा है तुझको दिलबरी का
गरजने वाले आ इक दिन बरस भी

दरिन्दों के परिन्दों के मज़े हैं
कभी इन्साँ पे आएगा तरस भी

उसे इक बार बस इक बार मिल लो
तो कम पड़ जाएँ दिल दो चार दस भी

सानी[1] नहीं था उसका कोई बाँकपन में रात
अँगड़ाई ले के जाग उठी थी बदन में रात
1 तुलना योग्य

बेहूदा रौशनी की अज़िय्यत[1] थी शहर में
सो हमने तय किया कि गुज़ारेंगे बन[2] में रात
1 यातना 2 जंगल

कल तुमने हाल भी नहीं पूछा ग़रीब का
किस तर्ह काटनी पड़ी अपने बदन में रात

जिसने सभी को रंग लिया अपने रंग में
सच पूछिए तो ताक़[1] है बस एक फ़न[2] में रात
1 दक्ष, निपुण 2 कला

औक़ात[1] मेह्र-ओ-माह[2] की मा'लूम तब हुई
जब हम गुज़ार आए तिरी अन्जुमन[3] में रात
1 हैसियत 2 सूरज और चाँद 2 महफ़िल

चुनता रहा तमाम शब उसके बदन से फूल
ऐसा लगा कि थम सी गई हो चमन में रात

ग़बी[1] हुजूम[2] में कोई भी आज मेरा नहीं
मिरे ख़िलाफ़ है ये एहतिजाज[3] मेरा नहीं
1 मूर्ख 2 भीड़ 3 विरोध प्रदर्शन

तमाम नादिर-ओ-चंगेज़ मुझसे दूर रहें
ये तख़्त मेरा नहीं है ये ताज मेरा नहीं

मैं ख़ुद-सरों[1] की जमाअ'त[2] का शाहज़ादा हूँ
किसी की शान में हरगिज़ ख़िराज[3] मेरा नहीं
1 स्वेच्छाचारी, उद्दंड 2 समूह 3 ता'रीफ़, दाद

क़सीदे[1] मुझसे न लिखवाओ मैं ग़ज़ल का हूँ
पता तो होगा तुम्हें ये मिज़ाज मेरा नहीं
1 अतिश्योक्तिपूर्ण प्रशंसा

ग़ुलाम-ए-हुस्न हूँ अपनी पनाह[1] में ले लो
ख़ुदा-गवाह कोई काम-काज मेरा नहीं
1 शरण

ये साँप रक़्स की तहज़ीब क्या सिखाएँगे
अब इतना ग़ैर-मुहज़्ज़ब समाज मेरा नहीं

ख़ुद अपने सच से परेशान हैं क़लम वाले
किसान चीख़ रहे हैं अनाज मेरा नहीं

कहेगा कौन ये फ़ेह्‌रिस्त[1] आ'शिक़ों की है
मज़ाक़ है ये कहीं इन्दिराज[2] मेरा नहीं
1 सूची 2 उल्लेख

गले में डाल लिया इ'श्क़ नाम का ता'वीज़
तबीब[1] हार गए कुछ इ'लाज मेरा नहीं
1 डॉक्टर

तमाम ज़ह्‌र उसी की ज़बाँ उगलती है
जो कह रहा है कि साँपों पे राज मेरा नहीं

इ'श्क़ था वाक़िआ'[1] बना डाला
आपने क्या से क्या बना डाला

1 घटना

आस्माँ को न छू सके तो क्या
एक ज़ीना[1] नया बना डाला

1 सीढ़ी

जिनका दा'वा है पानियों पे हनूज़[1]
हर तरफ़ कर्बला बना डाला

1 अब तक

आदमी आदमी तो हो पहले
आपने तो ख़ुदा बना डाला

हिज्र[1] में कुफ़्र[2] ये हुआ सरज़द[3]
तुम गए दूसरा बना डाला

1 विरह 2 अधर्म 3 ग़लत हो जाना

उससे जी भर के बात की कल रात
शक्ल था वो सदा[1] बना डाला

1 आवाज़

हर नए ग़म पे मुस्कुराता हूँ
इक तमाशे ने क्या बना डाला

जिसके आने से हुआ है दफ़्अ'तन[1] पानी शराब
यार ये तो लग रही है जानी-पहचानी शराब
1 अचानक

जिसने तुझको चख लिया हो उसका नश्शा पूछ मत
जन्नतों में भी न मिलने की ये नूरानी[1] शराब
1 रौशनी देती हुई

मैं कहा शह्‌रों में क़िल्लत[1] इस क़दर पानी की है
बोल उठा कम-ज़र्फ़[2] हासिल है ब-आसानी शराब
1 कमी 2 नीच

हश्र[1] के दिन जाम टकराऊँगा उसके जाम से
जिसने जिस्मों में भरी है ऐसी रुहानी शराब
1 प्रलय

कौन हो तुम किस जहाँ से आए हो बतलाओ तो
अ'क्स[1] पड़ते ही नदी में हो गया पानी शराब
1 छवि, प्रतिबिंब

क्यों भला आधा-अधूरा इ'श्क़ कीजे
शे'र कहिए इ'श्क़ पर या इ'श्क़ कीजे

जो लिखा है जो पढ़ा है जो किया है
सब भुला देगी ये दुनिया इ'श्क़ कीजे

है सिवाए इ'श्क़ ख़ुद-मुख़्तार[1] कोई
इ'श्क़ के दम से है दुनिया इ'श्क़ कीजे
1 स्वावलंबी, आज़ाद

आप ला-सानी[1] हैं ला-फ़ानी[2] भी हैं क्या
रोइए मत एक सच्चा इ'श्क़ कीजे
1 अद्धितीय 2 अमर

ये ज़माने का गिला क्यों और कब तक
कुछ नहीं है ये ज़माना इ'श्क़ कीजे

मेरे मुर्शिद[1] ने कहा फिर मुस्कुरा कर
और खिल उट्ठेगा चेहरा इ'श्क़ कीजे
1 पीर, धर्मगुरू

इ'श्क़ दिल में कई जहानों का
मैं तलबगार[1] हूँ ज़मानों का
1 इच्छुक

ख़्वाहिशों को उड़ान भरना है
ख़त्म है खेल आस्मानों का

लफ़्ज़ काटे गए उगाए गए
क्या भला हो गया किसानों का

तुमने मालिक बना दिया ख़ुश-बाश[1]
जिस्म के बे-बहा[2] ख़ज़ानों का
1 ख़ुश रहो 2 अनमोल

मौत नक़्शा बनाए बैठी है
शह्‌र के आख़िरी मकानों का

देर तक नग़मगी[1] बरसती रही
थम गया सिलसिला अज़ानों का
1 संगीतमयता

रात मैं आप और ख़ामोशी
वक़्त है आख़िरी उड़ानों का

दोस्तों को मिरे पता तो है
दुश्मनों के सभी ठिकानों का

आस्मानों से ज़मीं की तरफ़ आते हुए हम
एक मज्मे'[1] के लिए शे'र सुनाते हुए हम
1 भीड़

किस गुमाँ[1] में हैं तिरे शह्र के भटके हुए लोग
देखने वाले पलट कर नहीं जाते हुए हम
1 भ्रम

कैसी जन्नत के तलबगार[1] हैं तू जानता है
तेरी लिक्खी हुई दुनिया को मिटाते हुए हम
1 चाहने वाले

रेल देखी है कभी सीने पे चलने वाली!
याद तो होंगे तुझे हाथ हिलाते हुए हम

तोड़ डालेंगे किसी दिन घने जंगल का ग़ुरूर
लकड़ियाँ चुनते हुए, आग जलाते हुए हम

तुम तो सर्दी की हसीं धूप का चेहरा हो जिसे
देखते रहते हैं दीवार से जाते हुए हम

ख़ुद को याद आते ही बेसाख़्ता[1] हंस पड़ते हैं
कभी ख़त तो कभी तस्वीर जलाते हुए हम
1 अनायास

क़ाए'दे बाज़ार के इस बार उल्टे हो गए
आप तो आए नहीं पर फूल मंहगे हो गए

एक दिन दोनों ने अपनी हार मानी एक साथ
एक दिन जिससे झगड़ते थे उसी के हो गए

मुझको इस हुस्न-ए-नज़र[1] की दाद मिलनी चाहिए
पहले से अच्छे थे जो कुछ और अच्छे हो गए

1 नज़र की सुन्दरता

मुद्दतों से हमने कोई ख़्वाब भी देखा नहीं
मुद्दतों इक शख़्स को जी भर के देखे हो गए

बस तिरे आने की इक अफ़्वाह का ऐसा असर
कैसे कैसे लोग थे बीमार अच्छे हो गए

ऐसे मिले नसीब से सारे ख़ुदा कि बस
मैं बन्दगी[1] के ज़ो'म[2] में चिल्ला उठा कि बस

1 समर्पण 2 घमंड

इक खेल ने हमारा मुक़द्दर बदल दिया
वो तो हमें पुकार कर ऐसा छुपा कि बस

पहले तो इक नशे को किया सर पे ख़ुद सवार
फिर यूँ किसी ख़याल से जी हट गया कि बस

जन्नत मिलेगी, उसने कहा, मोमिनीन[1] को
जलते हुए मकान से आई सदा कि बस

1 मुसलमानों

नग़मा[1] समझ के शो'र से महज़ूज़[2] होती भीड़
अंबोह-ए-बे-कराँ[3] में कोई चीख़ता कि बस

1 गीत 2 आनन्दित 3 बेअंत भीड़

वो मिट्टी का सितारा है हमारा
तयम्मुम[1] पर गुज़ारा है हमारा

1 पानी के उपलब्ध न होने पर मिट्टी से वज़ू करना

सुख़न[1] का हुस्न बढ़ जाता है इससे
ख़मोशी इस्तिआ'रा[2] है हमारा

1 शाइ'री, बात 2 रूपक

इधर कोई मोहब्बत से न देखे
यही इक दिल बिचारा है हमारा

हमें ज़िन्दा किया जाए तो उस पर
वही दा'वा दुबारा है हमारा

किसी की दख़्ल-अन्दाज़ी[1] नहीं है
ये इ'श्क़ ऐसा इदारा[2] है हमारा

1 हस्तक्षेप 2 संस्थान

कई फ़िरऔ'न हैं हम-अ'स्र[1] अपने
समझ लीजे इशारा है हमारा

1 समकालीन

क्यों उधर ही निकल पड़ा जाए
जिस तरफ़ ले के रास्ता जाए

आ चुके बाग़ में तमाशाई
बस बहुत हो चुका खिला जाए

शे'र तो रोज़ सुनते रहते हैं
आइए हुस्न को पढ़ा जाए

तख़्लिया[1] चाहता है इ'श्क़ जनाब
आज ख़ामोशी को सुना जाए

1 एकांत

मौत की एक शक्ल है ये भी
नींद को टालते रहा जाए

कल था वक़्त आपके सवालों का
अब मुझे पूछने दिया जाए

लफ़्ज़ बेकार की मुसीबत हैं
क्या लिखा जाए क्या पढ़ा जाए

टलने का यूँ फ़क़ीर नहीं है ये इ'श्क़ है
ये जो नई ग़ज़ल की ज़मीं है ये इ'श्क़ है

दुनिया में कितना हुस्न है मुझको नहीं पता
वल्लाह[1] गर ज़रा भी कहीं है ये इ'श्क़ है
1 ख़ुदा की क़सम

मैं इस जहाँ का सबसे अमीर आदमी हूँ यार
तुमने बना दिया है यक़ीं है ये इ'श्क़ है

मग़रूर[1] जिसको तूने कहा था वो मर चुका
क़दमों में देख किस की जबीं[2] है ये इ'श्क़ है
1 घमंडी 2 ललाट, माथा

हमज़ाद[1] है अज़ल[2] से मिरा रूह-ए-कायनात[3]
ये मैं हूँ दूसरा जो मकीं है ये इ'श्क़ है
1 साथ पैदा हुआ 2 सृष्टि का आरंभ 3 दुनिया की आत्मा

कल जो मिला था मैं हूँ वही बोरिया-नशीं[1]
दुनिया तमाम ज़ेर-ए-नगीं[2] है ये इ'श्क़ है
1 दरिद्र, दीन-हीन 2 अधीन

उस शख़्स को यक़ीन दिलाएँ तो किस तरह
हर शख़्स को अगरचे यक़ीं है ये इ'श्क़ है

शाह-ए-ज़माँ[1] ने भेज दिया रेशमी ि
लेकिन फ़क़ीर का है वही सरमदी[2] ि

1 बादशाह 2 फ़क़ीराना

है जिस्म के सिवा भी ख़ुदा की दुका
उ'र्यानियों[1] को ढाँपने वाला कोई लि

1 नग्नता

ख़ुश होने का ये स्वाँग बहुत देर हो चु
सन्दूक़ से निकालो मिरा मातमी लिबा

सोचा तुम्हें गले से लगाया पहन लिय
तुम हो कभी ख़्याल कभी तन कभी लिबास

इस बार रौशनी से है जंग आर-पार की
शामों से जिसने छीन लिए सुर्मई लिबास

जारी रहेगा ता-ब-अबद[1] ये तवाफ़-ए-हुस्न[2]
आँखों में फिर रहा है तिरा मौसमी लिबास

1 सृष्टि के अन्त तक 2 सौन्दर्य की परिक्रमा

तक़रीर सुनके वो भी बजाते हैं तालियाँ
पहना दिया गया है जिन्हें आख़िरी लिबास

उस रोज़ झूम-झूम के नाचे हैं ज़िद में वो
जिस दिन बदन पे देख लिया मातमी लिबास

था इ'श्क़ या मैं वाक़ई' बीमार पड़ा था
अब याद नहीं कौन सा आज़ार[1] पड़ा था
1 मुसीबत

सदियाँ मुझे इस घर की सफ़ाई में लगी हैं
बेकार ख़ुदाओं का इक अंबार पड़ा था

इक बार ज़रा बिगड़ी थी फ़िर्औ'न की हालत
और ग़म में जहाँ जो भी था बीमार पड़ा था

मुश्किल था बहुत हम से ख़रीदार का मिलना
यूँ राह में बाज़ार का बाज़ार पड़ा था

पर हमने क़सम खाई थी इ'बरत[1] नहीं लेनी
अख़्बार के अन्दर भी इक अख़्बार पड़ा था
1 सीख

वो ख़ुश-बदन[1] इक दिन भी अ'यादत[2] को न आया
मैं रूह में अपनी कहीं बीमार पड़ा था
1 सुन्दर शरीर वाला 2 बीमार का हाल पूछना

मुझ इ’श्क़ को हवस भरी नज़रें अ’ता[1] करे
इन्सान से ये हो नहीं सकता ख़ुदा करे
1 प्रदान

जब तालियों का ज़ोर ज़मानत हो जीत की
करता वही है शाह जो ख़्वाजा-सरा[1] करे
1 किन्नर

इन मसख़रों को आप तो आती नहीं हंसी
मरता है कोई उनकी बला से मरा करे

बन्दा भी तो बना है किसी काम के लिए
ये क्या कि अब तो जो भी करे बस ख़ुदा करे

ख़ुश हो के अपना कौन सा नुक़्सान हो गया
रू-ए-सुख़न[1] किसी की तरफ़ वो किया करे
1 संबोधन का लक्ष्य

दो इक गुनाह भी करे ये आदमी कि बस
ता-उ’म्र[1] मग़्फ़िरत[2] के लिए ही दुआ’ करे
1 आजीवन 2 क्षमा याचना

चश्मा-ए-शारीं[1] अलग सागर अलग
आओ बैठें भीड़ से हट कर अलग
1 मीठे पानी का स्रोत

रूनुमाई[1] के लिए आ जाओ तुम
मेरी आँखों में है इक मन्ज़र[2] अलग
1 शक्ल दिखाना 2 दृश्य

हमको सज्दे से कहाँ इनकार है
पर यहाँ तो धड़ अलग है सर अलग

चेहरा दिल का आइना है क्या कहा
आदमी अन्दर अलग बाहर अलग

वो भी था इस ख़ुशनुमा[1] तस्वीर में
हो गए सब रंग एक-इक कर अलग
1 सुन्दर, आकर्षक

घूरते हैं ना-मुकम्मल[1] शे'र इधर
और उधर हैं आप बन-ठन कर अलग
1 अपूर्ण, अधूरा

ख़ुदा मुआ'फ़ करे ज़िन्दगी बनाते हैं
मिरे गुनाह मुझे आदमी बनाते हैं

हवस है सारे जहानों पे हुक्मरानी की
वो सिर्फ़ चाँद नहीं, रात भी बनाते हैं

तबाह कर तो दूँ ज़ाहिर-परस्त[1] दुनिया को
ये आइने भी मिरे लोग ही बनाते हैं
1 जो दिखाई दे केवल उसी को सच मानने वाला

मैं आस्मान बनाता हूँ मेरी बात करो
यहाँ तो चाँद सितारे सभी बनाते हैं

मैं शुक्रिया अदा करता हूँ सब रक़ीबों का
यही अंधेरे मुझे रौशनी बनाते हैं

न उस हुजूम में रक्खो मुझे ख़ुदा के लिए
जो शे'र कहते नहीं शाइ'री बनाते हैं

दिन-ब-दिन घटती हुई उ'म्र पे नाज़िल हो जाए
इक बदन और मिरी रूह को हासिल हो जाए

मोर्चे खोलता रहता हूँ समुन्दर के ख़िलाफ़
जिसको मिटना है वो आए मिरा साहिल हो जाए

लग के बीमार के सीने से न रोना ऐसे
ज़िन्दगानी की तरह मौत भी मुश्किल हो जाए

इस क़दर देर न करना कि ये आसेब-नगर[1]
रात का रूप ले और जिस्म में दाख़िल हो जाए

1 प्रेतात्माओं का नगर

जंग अपनों से है तो दिल को किनारे कर लूँ
रास्ते में यही तल्वार न हाइल[1] हो जाए

1 बाधक

खेल ही खेल में छू लूँ मैं किनारा अपना
ऐसे सोऊँ कि जगाना मुझे मुश्किल हो जाए

भरे हुए हैं अभी रौशनी की दौलत से
दिए जलाएँगे हम भी मगर ज़रूरत से

बहुत से ख़्वाब हक़ीक़त[1] में दिल-नवाज़[2] न थे
बहुत से लोग चले आ रहे हैं जन्नत से

1 सच्चाई 2 मन को भाने वाले

उसी निगाह से फिर तुमने मुझको देख लिया
बदन उतार कर आया था कितनी मेहनत से

चमकते चाँद सितारों को दफ़्न कर आए
बुझे चराग़ को रक्खा गया हिफ़ाज़त से

बदन के ताक़[1] में जलते हैं बस बदन के दीप
ये रौशनी है बहुत कम मिरी ज़रूरत से

1 दीवार में दीप रखने की जगह

फिर इस मज़ाक़ को जमहूरियत[1] का नाम दिया
हमें डराने लगे वो हमारी ताक़त से

1 लोकतंत्र

इन्सानियत के ज़ो'म[1] ने बर्बाद कर दिया
पिंजरे में आ के शेर को आज़ाद कर दिया
1 घमंड

अपने ही सूने-पन का मुदावा[1] न कर सके
कहने को हमने शह्र तो आबाद कर दिया
1 इ'लाज

जी भर के क़त्ल-ए-आम किया पहले हर तरफ़
फिर उसने सल्तनत[1] को ख़ुदादाद[2] कर दिया
1 मुल्क 2 ख़ुदा का दिया हुआ

दिल से कोई इ'लाक़ा[1] न था दूर दूर तक
तेशा[2] थमा के हाथ में फ़र्हाद कर दिया
1 संबंध 2 पत्थर काटने का औज़ार

हर मुत्तक़ी[1] को इससे सबक़ लेना चाहिए
जन्नत की चाह ने जिसे शद्दाद[2] कर दिया
1 गुनाह से बचने वाला 2 नक़ली जन्नत बना कर ख़ुदाई का दा'वा करने वाला एक बादशाह

हाथों में उसका हाथ लिए सोचते रहे
था कौन जिसने इ'श्क़ में बर्बाद कर दिया

सारे चक़माक़[1]-बदन आए थे तय्यारी से
रौशनी ख़ूब हुई रात की चिंगारी से

1 पत्थर जिनसे प्राचीन काल में आग जलाई जाती थी

मैंने सामान-ए-सफ़र बाँध के फिर खोल दिया
एक तस्वीर ने देखा मुझे अल्मारी से

कोई दा'वा भी नहीं करता मसीहाई का
हम भी आज़ाद हुए जाते हैं बीमारी से

मुँह लगाया ही नहीं अस्लहा-साज़ों[1] को कभी
मैंने दुनिया को हराया भी तो दिलदारी से

1 हथियार बनाने वाले

इ'श्क़ भी लोग नुमाइश[1] के लिए करते हैं
क्या नमाज़ें भी पढ़ी जाती हैं अ'य्यारी[2] से

1 दिखावा 2 चालाकी, मक्कारी

कम से कम मैं तो मुरीद उनका नहीं हो सकता
जो पए-रक़्स-ए-जुनूँ[1] बैठे हैं हुशयारी से

1 दीवानगी में किए जाने वाले नृत्य के लिए

मेरी निय्यत से जानता था मुझे
वो ख़ुदा की तरह मिला था मुझे

मेरी बारी थी उसको खोने की
वो तो कब का गंवा चुका था मुझे

देर तक कैसे रहता उस के साथ
और भी दुख समेटना था मुझे

शक की भी पर्वरिश ज़रूरी थी
तुझसे आगे भी सोचना था मुझे

सब मिरे मेह्र-ओ-माह[1] थे रूपोश[2]
जब अंधेरा मिटा रहा था मुझे

1 सूरज और चाँद 2 ग़ायब

मैं बस इक इम्तिहाँ लिया उसका
जो बहुत आज़मा रहा था मुझे

आग और ख़ूँ के खेल से अब तक भरा न जी
जन्नत के दा'वेदार हमारा जला न जी

किर्दार मस्ख़रे का अलमिये[1] में मिल गया
ख़ुद पर भी हंस के देख लिया ख़ुश हुआ न जी

1 दुखांत नाटक, कहानी

क्या जानवर मिला था सधाया नहीं गया
जीना भी एक काम था जिसमें लगा न जी

मांगी थी इक बख़ील[1] से पूरे बदन की भीख
आँखें दिखा के रह गया कासा[2] भरा न जी

1 कंजूस 2 भिक्षा-पात्र

सब इ'श्क़-रौशनी के ख़रीदार उठ गए
बाज़ार यूँ गिरा कि जलाया गया न जी

महफ़िल में वाह-वाह का वो शोर था कि बस
कम्बख़्त शाइ'री का मगर ख़ुश हुआ न जी

तेज़ आँधियों के साथ गुज़ारा हुआ मिरा
पहना ज़मीं ने जिस्म उतारा हुआ मिरा

देख आस्मान तेरे सितारे कहीं नहीं
लेकिन चमक रहा है सँवारा हुआ मिरा

तुम भी पलट के आओगे वहशी[1] सदा के साथ
रुकता है कितनी देर पुकारा हुआ मिरा
1 दीवाना, घबराया हुआ

इक क़त्ल से निमट के बहुत ख़ुश हुआ था मैं
फिर मुझमें जी उठा वही मारा हुआ मिरा

तेरे सिवा यक़ीन के लाईक़ कोई नहीं
इस ए'तिमाद[1] में भी ख़सारा[2] हुआ मिरा
1 भरोसा 2 नुक़्सान

मुद्दत के बाद ख़ुद पे हुआ अपना इख़्तियार
जो कुछ जहान[1] में था तुम्हारा हुआ मिरा
1 दुनिया

वो भूला सुब्ह का था घर गया ना
ज़रा सी देर कर दी पर गया ना

वो दुश्मन था क़रीब आने तो देते
बचा था एक ही पत्थर गया ना

नहीं थीं उस नदी में मछलियाँ भी
बहुत तन्हा था पानी मर गया ना

उसे आ'दत नहीं थी ज़िन्दगी की
मोहब्बत की नज़र से डर गया ना

तुझे ही इ'श्क़ की जल्दी पड़ी थी
हमारे आँसुओं से भर गया ना

बहुत घबराए फिरते थे तुम्हीं थे
लगा था ज़ख़्म आख़िर भर गया ना

कुछ को दुकान कुछ को ख़रीदार कर चुके
करने के जितने काम थे बाज़ार कर चुके

जिनको रिहाई मिलनी न थी उनको मिल गई
जिस-जिस को चाहते थे गिरफ़्तार कर चुके

मिलता नहीं जहाँ में कोई काम ढंग का
इक इ'श्क़ था सो वो भी कई बार कर चुके

इतने तो हम कभी भी न थे सादगी-पसन्द
कुछ फूल अपने रंग से बेज़ार[1] कर चुके

1 उकता देना

अब किस ख़ुदा को लाऊँ गवाही के वास्ते
सब फ़ैसले तो पहले ही सरकार कर चुके

उसे बताऊँ कि सच बोलना ज़रूरी है
तअ'ल्लुक़ात[1] में ये तज्रबा[2] ज़रूरी है
1 संबंधों 2 प्रयोग

नज़र हटा भी तो सकती है कम-नज़र[1] दुनिया
वहीं है भीड़ जहाँ तख़्लिया[2] ज़रूरी है
1 जिसे कम दिखाई दे 2 एकान्त

तिरे बग़ैर कोई और इ'श्क़ हो कैसे
कि मुशरिकों[1] के लिए भी ख़ुदा ज़रूरी है
1 ख़ुदा के अ'लावा किसी और को पूजने वाला

नहीं तो शहर ये सो जाएगा सदा के लिए
मुझे ख़बर है मिरा बोलना ज़रूरी है

किसी को होता नहीं यूँ मोहब्बतों का यक़ीं
चराग़ बुझ के बताए हवा ज़रूरी है

मैं ख़ुद को भूलता जाता हूँ और ऐसे में
तिरा पुकारते रहना बड़ा ज़रूरी है

वो मेरी रूह की आवाज़ सुन रहा होगा
बदन रहे न रहे राब्ता[1] ज़रूरी है
1 संपर्क

जाने किस उम्मीद पर छोड़ आए थे घर-बार लोग
नफ़रतों की शाम याद आए पुराने यार लोग

वो तो कहिए आपकी ख़ुश्बू ने पहचाना मुझे
इ'त्र कह कर जाने क्या-क्या बेचते अ'त्तार[1] लोग
1 इत्र बेचने वाला

पहले माँगीं सर-बलन्दी[1] की दुआ'एँ इ'श्क़ में
फिर हवस की चाकरी करने लगे बीमार लोग
1 कामयाबी

आपकी सादा-दिली से तंग आ जाता हूँ मैं
मेरे दिल में रह चुके हैं इस क़दर हुशयार लोग

बादशाहत हो न हो लेकिन भरम क़ायम रहे
हर घड़ी घेरे हुए बैठे रहें दो चार लोग

वो इक दरिया और उसे हैरानी है
मेरी प्यास का मतलब सारा पानी है

अब भी इक तस्वीर में है वो साथ मिरे
जिसने अपनी शक्ल नहीं पहचानी है

वक़्त बहुत लगता है आने जाने में
कहने को तो दुनिया आनी जानी है

इक दुश्मन के साथ यहाँ तक आ पहुंचे
और कहाँ तक आँखों की वीरानी है

उसने हँस कर हाथ छुड़ाया है अपना
आज जुदा हो जाने में आसानी है

देखते रहिए दूर जाते हुए
यही होना था आज़माते हुए

जाने हो कौन कैसी हालत में
काँपता हूँ दिया जलाते हुए

एक दिन राख हो गए दोनों
आग को आग से बुझाते हुए

मर के ज़िन्दा बचे हो कितनी बार
याद रखना था चोट खाते हुए

वो जो पहला चराग़ था घर का
बुझ गया रौशनी बनाते हुए

उ'म्र की रेल थी रुकी ही नहीं
सब हुए दूर पास आते हुए

मैं सितारा बना न तुम हुए ख़ाक[1]
डर था कैसा गले लगाते हुए

1 मिट्टी

इक चराग़ और उजाले में न रक्खा जाए
हमको इन्साफ़ के धोखे में न रक्खा जाए

मुझको जिस शख़्स का नश्शा है उसे ढूंढ के लाओ
मुझको इन साँपों के नर्ग़ों[1] में न रक्खा जाए
1 घेरा

इक हक़ीक़त से मुझे पर्दा उठाना है सो अब
मेरे किर्दार[1] को क़िस्से में न रक्खा जाए
1 पात्र

लोग बेताब हैं दुनिया को जलाने के लिए
इस क़दर सोज़[1] भी बाजे में न रक्खा जाए
1 गर्मी, दुख

हमसे लफ़्ज़ों में न की जाएगी मा'नी[1] की तलाश
हुस्न इतना है तो पर्दे में न रक्खा जाए
1 अर्थ

इक जुनूँ अपना लिबादा[1] हो गया
आस्माँ सा दिल भी सादा हो गया

1 सर से पाँव तक आने वाली पोशाक

सह्व-ए-सज्दा[1] की भी गुन्जाइश नहीं
इक तअ'ल्लुक़ बे-इरादा हो गया

1 नमाज़ में हुई ग़लती को सुधारना

रूह थी उसकी सदा से बेनियाज़[1]
जिस्म से ही इस्तिफ़ादा[2] हो गया

1 बेपरवाह 2 फ़ायदा उठाना

अपना रिश्ता जिससे हो सकता नहीं
वस्ल[1] ऐसा ख़ानवादा[2] हो गया

1 मिलन 2 ख़ानदान

बूँद भर था चाहतों का सिलसिला
आँख में पानी ज़ियादा हो गया

राह रोकी है उजाले ने मिरी
बन के दीवार ईस्तादा[1] हो गया

1 खड़ा होना

जल्सा[1] नहीं जुलूस नहीं शाइ'री नहीं
हालत हमारी फिर भी किसी से छुपी नहीं
1 सम्मेलन

पैग़ाम से इ'लाज न कर आ के नब्ज़ देख
साँसें मिली हुई हैं मगर ज़िन्दगी नहीं

बोला बिगड़ के वो मिरे इस्रार-ए-वस्ल[1] पर
मैंने कहा नहीं तो समझ वाक़ई' नहीं
1 मिलन की ज़िद

कल रात वो यक़ीन दिला ही गया मुझे
इस ज़िन्दगी के बा'द कोई ज़िन्दगी नहीं

दुनिया के सब ख़ुदाओं का जम्म-ए-ग़फ़ीर[1] था
बन्दे की एक अ'र्ज़ किसी ने सुनी नहीं
1 भारी भीड़

ख़ुद ही कहा करो मिरी ता'रीफ़ शे'र में
ख़ुद ही कहा कि ये तो कोई शाइ'री नहीं

किसने हमारे शहर पे मारी है रौशनी
हर इक मकाँ के ज़ख़्म से जारी है रौशनी

बच-बच के चल रहा हूँ सितारों की चाल से
अब तक मिरे हवास[1] पे तारी[2] है रौशनी

1 इन्द्रियाँ 2 छाई हुई

दिल को मोहब्बतों से किया तूने माला-माल
ख़ुश-बाश[1] तीरगी[2] में उतारी है रौशनी

1 ख़ुश रहो 2 अंधेरा

इक रात हर चराग़ की लौ काट दी गई
और वो भी चुप रहे जिन्हें प्यारी है रौशनी

लज़्ज़त[1] को एक हद पे ठहरने नहीं दिया
तुमने बदन के पार गुज़ारी है रौशनी

1 आनंद

सायों से डर के चीख़ पड़े थे यही तो हैं
इनको भी ज़ो'म[1] है कि हमारी है रौशनी

1 घमंड

सभी को मुस्कुरा कर मार डाला
बचे हम सो डरा कर मार डाला

ये क़ब्रिस्तान उसकी मिल्कियत[1] है
नया नक़्शा दिखा कर मार डाला
1 जायदाद

मोहब्बत में फ़ना[1] होना नहीं था
किसी ने वर्ग़ला[2] कर मार डाला
1 मिटना, मर जाना 2 बहकाना

उन आँखों का बड़ा सौदा[1] था हमको
हमें आँखें दिखा कर मार डाला
1 दीवानगी

लतीफ़े[1] ख़ूब ख़िदमतगार[2] के थे
हमें तो कल हंसा कर मार डाला
1 चुटकुले 2 सेवक

बस इक मज्नूँ ही था मद्द-ए-मुक़ाबिल[1]
उसे सहरा[2] में जा कर मार डाला
1 प्रतिद्वन्द्वी 2 रेगिस्तान

जुनूँ वाले बिल-आख़िर[1] शाहकारों[2] से निकल आए
सभी शाह-ए-जहाँ[3] अपने मज़ारों से निकल आए
1 आख़िरकार 2 उत्कृष्ट रचना 3 बादशाह

हमें सैलाब का डर बस्तियों से खींच लाया था
कई आसेब[1] शहरों के किनारों से निकल आए
1 प्रेत

मैं कल रात अपनी वीरानी पे रोया इस क़दर रोया
सभी खोए हुए चेहरे सितारों से निकल आए

निसाबों[1] में हुई तर्मीम[2] रंगों पर शबाब[3] आया
नए मा'नी पुराने इश्तिहारों से निकल आए
1 पाठ्यक्रम 2 बदलाव 3 जवानी

किसी के हाथ आज़ादी का पर्वाना[1] नहीं आया
बचा कर जान हम तीमार-दारों[2] से निकल आए
1 फ़रमान 2 बीमार की सेवा करने वाले

मा'बदों[1] की भीड़ में बुझते ये इन्सानी चराग़
काश ख़ुद में ढूँढ पाते कोई ला-फ़ानी[2] चराग़
1 पूजा स्थल 2 सदा रहने वाला

सब दिशाओं से उमडती आँधियों का शोर सुन
कम नहीं होगी अभी तेरी परेशानी चराग़

रौशनी आँखों की ले लेगा परी-ज़ादों[1] का शह्र
हद तो ये है और फैलाते हैं उ'र्यानी[2] चराग़
1 अप्सराओं, परियों 2 नग्नता

उसने आ कर लौ बढ़ा दी ख़्वाहिशों की एक शब[1]
मैंने पहली बार देखा ऐसा ला-सानी[2] चराग़
1 रात 2 अद्वितीय

देखिए रूहों को इनसे रौशनी कितनी मिले
रात-दिन जलते हैं जो मस्जिद में जिस्मानी चराग़

बेक़रारी का कोई तो हल निकलना चाहिए
आ तुझे लिपटा लूँ मेरे दुश्मन-ए-जानी चराग़

जलते जिस्मों की क़तारें[1] दूर तक जाती हुईं
रौशनी के नाम पर हर सम्त[2] हैवानी चराग़
1 पंक्तियाँ 2 ओर

बाग़-ओ-सहरा जिस तरफ़ जाऊँ वहीं मौजूद तुम
इक ख़ुदा की सल्तनत और एक इन्सानी चराग़

ज़मीन हस्ब-ए-ज़रूरत[1] उगाई जाती है
फिर एक साँचे में ख़िल्क़त[2] बनाई जाती है

1 आवश्यक्तानुसार 2 लोग

ख़बर में हैं जो कई ज़र-ख़रीद[1] क़िस्सा-गो[2]
हमें उन्हीं की कहानी सुनाई जाती है

1 बिके हुए 2 क़िस्सा सुनाने वाले

हमारी बज़्म में जलते नहीं चराग़ के साथ
यहाँ चराग़ की दहशत जलाई जाती है

तमाम रात का जागा हूँ मा'ज़रत[1] मिरे दोस्त
बुरा न मान अगर नींद आई जाती है

1 क्षमा

हमारे जाम में इल्ज़ाम के सिवा नहीं कुछ
हमें शराब की तोहमत[1] पिलाई जाती है

1 इल्ज़ाम

मैं ख़ुद से जंग का ऐ'लान करने वाला हूँ
जो हारी जाती नहीं है हराई जाती है

हमारे अ'ह्द[1] का सर्माया[2] हैं ये तालिब-ए-इ'ल्म[3]
इन्हें किताब से नफ़रत सिखाई जाती है

1 युग 2 पूँजी 3 विद्यार्थी

ज़मीन पर है तमाम अंधे आ'शिक़ों का हुजूम
यहाँ वफ़ा भी नहीं आज़माई जाती है

ये कैसे ख़्वाब की तक्मील[1] में लगा है जहाँ
कि ज़ह्र दे के मोहब्बत सुलाई जाती है

1 पूरा करना

झलक भी मिल न पाई ज़िन्दगी की
उसे जल्दी पड़ी थी वापसी की

बचाओ अपनी जलती बस्तियों को
बहुत ता'रीफ़ कर ली रौशनी की

ख़ुदाओं से भी गहरी छन रही है
मिरे जैसे फ़सादी आदमी की

वो बोले हँसते-हँसते मरते जाओ
अ'जब ये शर्त है ज़िन्दा-दिली की

अंधेरों ने भी चमकाया न हमको
चराग़ों ने भी हमसे दिल-लगी की

लुटाते हो जो इतना प्यार मुझ पर
तुम्हें पहचान भी है आदमी की

कभी फ़ुर्सत मिले तो बात करना
ज़रूरत है ज़रा सी ज़िन्दगी की

कहीं ये तन्ज़ तो मुझ पर नहीं है
क़सम खाते हो हर दम आ'शिक़ी की

नई मस्रूफ़ियत[1] पैदा करे कौन
किसे फ़ुर्सत है बन्दा-पर्वरी[2] की

1 व्यस्तता 2 ग़ुलाम पालना, पालनहार बनना

दूसरे नाम से जिया जाए
ज़हर शोहरत है क्यों पिया जाए

हार माने पे वार क्या करना
अ'क़्ल को रास्ता दिया जाए

ये भी मुम्किन है मर मिटें तुम पर
ये भी मुम्किन है जी लिया जाए

और कुछ ज़ेहन से निकलता नहीं
या'नी ख़ुद को भुला दिया जाए

आज यौम-ए-शहादत-ए-हक़[1] है
आज चुप-चाप रह लिया जाए

1 सच्चाई के शहीद होने का दिन

जिस्म के जागने का वक़्त है ये
अब मुझे लौटने दिया जाए

ख़ुश-गुमानी[1] के जल चुके बाग़ात[2]
अब तो क़िबला[3] बदल लिया जाए

1 शुभ-विचार 2 बाग़ का बहुवचन 3 सज्दे की दिशा

आँखों को आँसुओं की ज़रूरत है आज भी
जितनी भी रह गई है मोहब्बत है आज भी

साज़िश की एक शाम बुझाए गए थे हम
लेकिन दियों को ताक़[1] से निस्बत[2] है आज भी
1 दीवार में दीये की जगह 2 लगाव

कुछ भी सँभाल पाए न हम तंग-दस्त[1] लोग
ये ख़ाकदान[2]-ए-जिस्म ही दौलत है आज भी
1 दरिद्र 2 मिट्टी रखने की जगह

ऐसे नमाज़ियों का वुज़ू[1] भी न कर क़ुबूल
या-रब दिलों में कितनी कुदूरत[2] है आज भी
1 नमाज़ के लिए पाक होने का तरीक़ा 2 गन्दगी

लेकिन तुम्हारे हुस्न का ने'म-उल-बदल[1] कहाँ
दिल में तो बे-हिसाब मोहब्बत है आज भी
1 विकल्प

ता'लीम दे रहा हूँ मोहब्बत की जिस्म को
मुश्किल ये है कि रूह की सोहबत[1] है आज भी
1 सान्निध्य

इन्सान बन के बैठा है हर आदमी-नुमा[1]
दुनिया पे इक ख़याल की दहशत है आज भी
1 आदमी लगने वाला

ज़रा सा हो मयस्सर वो जो मुझको
ज़रा सा आए चैन आए तो मुझको

मैं शाह-ए-इ'श्क़[1] का सन्दूक़चा[2] हूँ
कभी फ़ुर्सत मिले तो खोलो मुझको
1 इ'श्क़ का बादशाह 2 छोटा सन्दूक़

सर-ए-साहिल[1] मिरी जुरअत[2] रक़म[3] है
यहाँ तो कम से कम अब मत रो मुझको
1 किनारे पर 2 हौसला 3 लिखा होना

अगरचे[1] ट्रेन आनी थी तुम्हारी
कहे जाता था मैं ही रोको मुझको
1 हालांकि

कोई तो राज़ अपना खोलो मुझ पर
कभी तो प्यार से कुछ कह दो मुझको

जुज़[1] ख़ुदा और कोई हामी-ओ-नासिर[2] मिल जाए
लुत्फ़ आ जाए क़सम से जो वो काफ़िर मिल जाए
1 अ'लावा 2 मददगार

उसकी मुश्किल से मैं वाक़िफ़[1] हूँ यही है मुश्किल
ये भी अब कह नहीं सकता कि बज़ाहिर[2] मिल जाए
1 अवगत 2 दिखावे मात्र के लिए

ये वही हैं कि जिन्हें फ़ख़्र[1] है मिस्मारी[2] पर
दिल नहीं तो कोई मस्जिद कोई मन्दिर मिल जाए
1 गर्व 2 विध्वंस

शह्र घबराए हुए हैं नई वीरानी से
दश्त[1] आवाज़ लगाते हैं मुसाफ़िर मिल जाए
1 जंगल

लेकर आया कहाँ सदियों का सफ़र ला'नत है
कोह-ए-नूर आज भी उसका जिसे नादिर मिल जाए

चैन की साँस न ले पाएँगे सौ साल भी हम
हाँ बशर्ते कोई उससे बड़ा शातिर मिल जाए

तबाह ख़ुद को, उसे लाज़वाल[1] करते हैं
हमारे लोग जुनूँ में कमाल करते हैं
1 जिसका पतन न हो

मगर ये राज़ फ़क़त[1] तितलियाँ समझती हैं
चमकते रंग भी जीना मुहाल करते हैं
1 सिर्फ़

कभी कभी तो दरिन्दों पे प्यार आता है
तमाम शह्‌र की यूँ देख-भाल करते हैं

ये क्या कि दिल भी दुखाने कोई नहीं आता
चलो पुराने मरासिम[1] बहाल करते हैं
1 संबंध

बुलाओ ख़्वाब-नगर में फिर उस सितारे को
वही करो जो सभी ख़ुश-ख़याल[1] करते हैं
1 अच्छा सोचने वाले

सितारा-साज़[1] ये हम पर करम फ़र्माते रहते हैं
अँधेरी रात में जुगनू सा कुछ चमकाते रहते हैं
1 तारे बनाने वाले

सुना है शोर से हल होंगे सारे मस्अले[1] इक दिन
सो हम आवाज़ को आवाज़ से टकराते रहते हैं
1 समस्याएं

जहाँ में अम्न कैसे फैलता है कैसे फैलेगा
वो सबको तीर से तल्वार से समझाते रहते हैं

बड़ा दिलचस्प कारोबार अबके साल चल निकला
हवस के आइने को इ'श्क़ से चमकाते रहते हैं

इसी दुनिया से दीवारें उठाना हमने सीखा है
हम इस दुनिया को हर दीवार से टकराते रहते हैं

मैंने भी अपने ध्यान में अपना सफ़र किया
उसने भी रास्ते को ज़रा मुख़्तसर[1] किया

1 छोटा

पूछो कि उसके ज़ह्न में नक़्शा भी है कोई
जिसने भरे जहान को ज़ेर-ओ-ज़बर[1] किया

1 तहस-नहस

सब फ़ास्ले मिरी ही ख़ता थे मुझे क़ुबूल
लेकिन तिरी सदा[1] ने भी कितना सफ़र किया

1 आवाज़

इक रोज़ बढ़ के चूम लिए मैंने उसके होंट
अपने तमाम ज़ह्र को यूँ बे-असर किया

वो विर्द[1] कर रहा था किसी और नाम का
ता'वीज़ ने मरीज़ पे उल्टा असर किया

1 पाठ

मुझको थी नापसन्द उसे शाइ'री पसन्द
थक-हार कर ये ऐ'ब भी आख़िर हुनर किया

मुद्दत पे मिली टूट के बरसात हमारी
फिर इ'श्क़-मुसल्ले[1] पे कटी रात हमारी

1 नमाज़ के लिए बिछाया जाने वाला कपड़ा, चटाई आदि

इस बार भी नाफ़े[1] में ज़रा मुश्क[2] न निकला
इस बार भी बेकार गई घात हमारी

1 नाभि 2 कस्तूरी

हम मस्जिद-ओ-मिंबर[1] की ज़रूरत से सिवा थे
देखी नहीं दुनिया ने करामात हमारी

1 मस्जिद में बनी सीढ़ी-नुमा जगह जहाँ से इमाम संबोधित करता है

उस रात तो हम जिस्म के हुजरे[1] से न निकले
उस रात हुई इतनी मुदारात[2] हमारी

1 संत की कुटिया 2 सत्कार

इस बार है मेहवर[1] ही कोई और ज़मीं का
सर्दी है न गर्मी है न बरसात हमारी

1 धुरी, केन्द्र

हामी न भरी इ'श्क़ के मन्शूर[1] पे उसने
बेकार गई ये भी मुलाक़ात हमारी

1 घोषणा-पत्र

अल्लाह के बन्दों का वही ख़ौफ़ है दिल में
इस बार भी सज्दे में कटी रात हमारी

उस आग ने दिया था बड़ा मर्तबा[1] मुझे
फ़ुर्सत मिले तो यार दुबारा जला मुझे

1 पद, ओ'हदा

लिपटा के बोला इतना न आना किसी के पास
समझा रहा था इ'श्क़ का अच्छा बुरा मुझे

इक बार ऐसे छोड़ कि हासिल न हो सकूँ
आऊँ न अपने हाथ भी ऐसे गँवा मुझे

जितना बुरा समझता था उतना नहीं था वो
उसने ही अपने ज़हर से अच्छा किया मुझे

मैं और मेरा इ'श्क़ अलग चीज़ हैं मियाँ
तुमने भी किस तरंग में अपना लिया मुझे

कभी सोचा है कुछ अच्छा बुरा क्या
तो अब रोने की ख़ातिर सोचना क्या

मिरी आँखों में दुनिया भर गई है
मैं हैराँ हूँ तिरा जादू हुआ क्या

उसे अच्छा लगा कल साथ मेरा
वो तन्हाई से इतना डर गया क्या

ख़ुशी चेहरे से छलकी पड़ रही है
तुझे इस ख़ाक-दाँ[1] से कुछ मिला क्या

1 जिस्म, धूल मिट्टी आदि रखने का पात्र

भड़कती आग उबलता धुआँ बनाने का
मुक़ाबला है ये आतिश-फ़िशाँ[1] बनाने का

1 ज्वालामुखी

ज़मीं की शक्ल ही तूने बिगाड़ कर रख दी
जुनून छोड़ इसे आस्माँ बनाने का

जुदाई तय है तो क्यों टालते रहा जाए
ये इख़्तिताम[1] है अब दर्मियाँ बनाने का

1 अन्त

हवा से धूप से सबसे शिकायतें हैं हमें
मगर सलीक़ा न आया मकाँ बनाने का

सहमे गुंबद और कबूतर रात भर
सिसकियाँ लेते हैं मिल कर रात भर

जिस्म की सब ख़ानक़ाहों[1] में समाअ'[2]
और सड़कों पर क़लन्दर रात भर

1 सूफ़ियों का मठ 2 क़व्वाली, गीत-संगीत

मेरी आँखों में उदासी भर गए
बारिशों में भीगते घर रात भर

अब न कर उन मज्लिसी[1] रातों का ज़िक्र
अब जगाता है कोई डर रात भर

1 दोस्तों के साथ बिताई गई

चाँद को मैं कह दिया कल साफ़-साफ़
कौन देखे एक मन्ज़र[1] रात भर

1 दृश्य

काश मेरी सुब्ह उसके साथ हो
जो रहा है मेरे अन्दर रात भर

इक झलक दिखला के छुप जाते हो तुम
और तड़पता है समुन्दर रात भर

कसमसाता जागता सोता रहा
रंग में डूबा वो पैकर[1] रात भर

1 जिस्म

जब फेर कर निगाह हर अपना पराया जाए
मुश्किल ये है कि ऐसे में कौन आज़माया जाए

हम आग से डराए हुए लोग हैं हमें
इक मेह्रबाँ नदी के किनारे बसाया जाए

हाँ तुम वफ़ा-परस्त[1] हो भूखा हवस का मैं
क़स्में न खाई जाएँ मुझे कुछ खिलाया जाए

1 वफ़ा का पुजारी

बीमार से तो पूछिए उसको है किस का रोग
चारागरी[1] के वास्ते किसको बुलाया जाए

1 इ'लाज, निदान

दोनों ही अपनी कश्तियाँ ज़िद में जला चुके
बेहतर है ऐसे इ'श्क़ को अब भूल जाया जाए

आना नहीं है जिसको नहीं आएगा कभी
आँखें बिछाई जाएँ कि अब दिल जलाया जाए

नहीं कि तब कोई काग़ज़ क़लम न होता था
वो हुस्न ही था क़यामत रक़म[1] न होता था
1 लिखना

हर आदमी को वहाँ मिलती उसके काम की दाद
ख़ुदा का नाम ख़ुदा की क़सम न होता था

तो क्या सुनाता फ़रिश्तों को मैं कलाम जहाँ
किसी की बातों में पहलू-ए-ज़म[1] न होता था
1 किसी बात का वो पक्ष जो मान्य न लगे

ज़रा सी पी थी कभी जाहिलों के साथ शराब
नशा था इ'ल्म[1] का ऐसा कि कम न होता था
1 ज्ञान

दो एक बार तो जीते भी खेल खेल में हम
मगर मलाल[1] ज़रा बेश-ओ-कम[2] न होता था
1 दुख 2 ज़ियादा और कम

हमें ही मरना पड़ा अपना हाल लिखने को
किसी का दर्द किसी से रक़म न होता था

बहाए जाता था सैलाब आँसुओं का हमें
किसी की आँख का कोना भी नम न होता था

बदन-चराग़ नहीं हैं मोहब्बतें अपनी
मगर ये लौ को बढ़ाती ज़रूरतें अपनी

तमाम हक़[1] के तरफ़-दार चारों ख़ाने चित
कोई सँभाल न पाया सदाक़तें[2] अपनी

1 सच 2 सच्चाइयाँ

बदल न लें कहीं रस्ता ये आग की लपटें
हमें ही राख न कर दें ये नफ़रतें अपनी

अब उससे रूबरू होने में कुछ नहीं रक्खा
बला के नक़्श बनाती हैं वहशतें अपनी

समेट अपने सितारों को आस्माँ वाले
बुझा के छोड़ गईं जिनको हसरतें[1] अपनी

1 कामनाएँ जो पूरी न हों

किधर से आती है जाने ये ख़्वाब-नाक़[1] सदा
तो कम न होंगी कभी क्या मसाफ़तें[2] अपनी

1 सोई-सोई सी 2 दूरियाँ

सब फूल उठा लाए थे जिस दाम में आए
सद-शुक्र[1] मिरे भेजे हुए काम में आए

1 सौ बार शुक्रिया

जोगी को नए फेरे की फ़ुर्सत ही कहाँ अब
मिलना हो जिसे हुज्रा-ए-बदनाम[1] में आए

1 बदनाम कुटिया

ये बाग़ मुनासिब ही नहीं सैर की ख़ातिर
सब ज़ाग़-ओ-ज़ग़न[1] दीदा-ए-गुल्फ़ाम[2] में आए

1 कव्वे और चील 2 महबूब की नज़र

फ़रमान ये जारी किया उसने कि मिरा नाम
आए भी अगर भूल से दुश्नाम[1] में आए

1 गाली

चूम आए तिरे धोखे में दहलीज़[1] किसी की
कुछ शक्ल-ओ-शबाहत[2] भी दर-ओ-बाम[3] में आए

1 चौखट 2 चेहरा और छवि 3 दरवाज़ा और ऊपरी मन्ज़िल

गर्दिश[1] ने ज़माने की तो बस ख़ून निचोड़ा
रास आई हमें रात न दिन काम में आए

1 चक्र

सारे ख़ुश-फ़ह्म[1] पए-वस्ल[2] जिए जाते हैं
और मयस्सर है हमें वो तो मरे जाते हैं

1 अच्छे विचार वाले 2 मिलन के लिए

उसके आँसू कहाँ रुकते हैं हथेली से मिरी
सारे अल्फ़ाज़[1] ख़मोशी से बहे जाते जाते हैं

1 शब्द

हो सके गर तो दरख़्तों की हिफ़ाज़त[1] करना
हम परिन्दों के लिए छाँव किए जाते हैं

1 सुरक्षा

बात करते हुए क्या सोचने लगते हो तुम
हम बहुत दूर बहुत दूर चले जाते हैं

इ'श्क़ करते हैं, हमें इससे भला क्या मत्लब
किस तरह शे'र मोहब्बत में कहे जाते हैं

इक आन[1] में हुई ओझल ज़मीं निगाहों से
कोई पुकारने वाला नहीं निगाहों से

1 पल

ख़ुदा गुनाह की लज़्ज़त[1] को बरक़रार रखे
न देख ऐसे मुझे ख़शमगीं[2] निगाहों से

1 आनन्द 2 ग़ुस्से से भरी

ग़ज़ल के हुस्न को दरकार नाज़िरीन[1] नहीं
ज़ियादा काम न लें सामिईं[2] निगाहों से

1 दर्शक 2 श्रोता

तमाम फूल मुझे रंग से लुभाते थे
तमाम रौशनियाँ याद थीं निगाहों से

शुरू-ए'-इ'श्क़ में कम पड़ गए थे जब अल्फ़ाज़
कई ज़बानें तराशी गईं निगाहों से

मैं आस्मान पे था तुमको याद तो होगा
मुझे उतारा गया बा'द-अज़ीं[1] निगाहों से

1 इसके बा'द

मिरे वो शे'र भी आए पसन्द उसको, वाह
छुपा रखा था जिन्हें नुक्ता-बीं[1] निगाहों से

1 बारीकियों को समझने वाला

दीवार है दरीचा न दर आए रौशनी
तक़्रीर ख़ूब जीत पे फ़रमाए रौशनी

पर्चम[1] नहीं ये मेरा अ'लम[2] है हुसैन का
जिसको शहीद होना है लहराए रौशनी
1,2 ध्वज

नक़्शे पे कोई मुल्क हमारा नहीं बचा
अब हम वहीं मिलेंगे जहाँ आए रौशनी

कल रास्ते में उसपे अचानक नज़र पड़ी
बे-इख़्तियार[1] आँखों में भर लाए रौशनी
1 अनायास

बिजली गिरी तो दौड़ पड़े बेक़रार लोग
तक़्दीर में नहीं था कि मिल पाए रौशनी

हर शाख़ पर खिले हुए उ'र्यानियों[1] के फूल
ये शर्त भी है ख़ूब कि शर्माए रौशनी
1 नग्नता

दानिशवरों[1] को काम मिला है नया नया
शम्एँ' बुझाएँ और करें हाय रौशनी
1 बुद्धिजिवियों

प्यासे को भी तो पानी नज़र आना चाहिए
इस बार छाए अब्र[1] तो बरसाए रौशनी

1 घटा

ये जो सफ़ाई है ना, अंधेरे की देन है
बस इन्तिज़ार कीजिए आ जाए रौशनी

कौन उसको चाहता मेरी तरह
वो भी तन्हा हो गया मेरी तरह

कह दिया किसने ख़ुदा मिलता नहीं
ढूँढिए उसका पता मेरी तरह

टूटना ही था तअ'ल्लुक़[1] एक दिन
हू-ब-हू वो शख़्स था मेरी तरह

1 संबंध

उस तरफ़ जाने लगे सब रास्ते
शह्र दीवाना हुआ मेरी तरह

मुफ़्त में क्यों कीजिए नींदें ख़राब
हाँ अगर वो जागता मेरी तरह

मिल गया सारा तकब्बुर[1] ख़ाक में
मिट गया मेरा लिखा मेरी तरह

1 अहंकार, घमंड

चमक जो अब के बढ़ी है सराब[1] में कुछ और
इज़ाफ़ा[2] होना है शायद अ'ज़ाब[3] में कुछ और
1 मृगतृष्ण 2 बढ़ोतरी 3 यातना

मिज़ाज ख़ुश्बू का मेरी समझ से बाहर है
वो हरसिंगार में कुछ है गुलाब में कुछ और

हमारी नस्ल[1] मोहब्बत की बात क्या जाने
हमें पढ़ाया गया है निसाब[2] में कुछ और
1 पीढ़ी 2 पाठयक्रम

जो ज़र्द[1] पत्ते मिले हैं वही ग़नीमत हैं
कहो हवा से कि देखे न ख़्वाब में कुछ और
1 पीला

वो मेरे नाम इक-इक साँस करने वाला था
लिखा हुआ है मगर इन्तिसाब[1] में कुछ और
1 समर्पण

बहते रहना एक बहाना होता है
दरिया को सागर तक जाना होता है

उ'म्र मुक़र्रर[1] होती है हर रिश्ते की
मज्बूरन भी हाथ छुड़ाना होता है

1 निर्धारित

दुनिया की सारी अच्छी तस्वीरों में
इक चेहरा जाना-पहचाना होता है

कच्चे रंगों वाली तित्ली क्या जाने
बारिश में भी साथ निभाना होता है

सबसे गहरी होती है लफ़्ज़ों की चोट
लहजे का हर वार बचाना होता है

ज़र्द[1] यादों से भर दिया है मुझे
किसने वीरान कर दिया है मुझे
1 पीला

हफ़्त-अफ़्लाक[1] सैर की ख़ातिर
क़ैद रहने को घर दिया है मुझे
1 सातों आस्मान

चख लिया उसने प्यार थोड़ा सा
और फिर ज़ह्र कर दिया है मुझे

इतना ख़ाली नहीं रखा उसने
लम्स[1] भी ख़्वाब भर दिया है मुझे
1 स्पर्श

काम ही क्या था चाहने के सिवा
तुमने बेकार कर दिया है मुझे

नाम से उसके पुकारूँ ख़ुद को
आज हैरान ही कर दूँ ख़ुद को

दस्त-बर्दार[1] हुआ वो मुझसे
अब मैं जिस तर्ह लुटाऊँ ख़ुद को
1 परित्याग करना, विमुख

मेरे हिस्से में मिरा कुछ भी नहीं
उससे मिल जाऊँ तो पाऊँ ख़ुद को

नाम ही ले ले तुम्हारा कोई
दोनों हाथों से लुटाऊँ ख़ुद को

बन चुका जितना मुझे बनना था
छीन कर चाक से फेंकूँ ख़ुद को

अपनी चाहत को मिरे दुख के बराबर कर दे
या मुझे देख ले इस तर्ह कि पत्थर कर दे

ये सिमटती हुई दुनिया ये बिखरते हुए लोग
इन्तिहा कोई तो हर शय की मुक़र्रर कर दे

किसको देखूँ कि तिरे नाम का नश्शा उतरे
किसको चाहूँ जो तिरे सेह्र[1] को कमतर कर दे

1 जादू, सम्मोहन

मौसम-ए-वज्द[1] में जा कर मैं कहाँ रक़्स[2] करूँ
अपनी दुनिया मिरी वहशत[3] के बराबर कर दे

1 सूफ़ियों के नृत्य का मौसम 2 नृत्य 3 दीवानगी

एक खटका मुझे रहता है मोहब्बत में सदा
उसका क्या जब जिसे चाहे मिरा हम-सर[1] कर दे

1 प्रतिद्वन्द्वी, क़द के बराबर

गुलाब चेहरा शराब रातें
तिरी अ'ता[1] हैं ये ख़्वाब रातें
1 देना

कहाँ ये बुझते चराग़ की लौ
कहाँ ये इ'ज़्ज़त-मआब[1] रातें
1 महामहिम

निकालिए वक़्त बन्दा-परवर[1]
सँवारिए कुछ ख़राब रातें
1 आराध्य

नया नशा है खुली सड़क पर
नहा के निकलीं अ'ज़ाब[1] रातें
1 कष्ट

चलो बदन पर लपेटते हैं
बरस रही माहताब[1] रातें
1 चाँद

सियाहकारों[1] ने फिर दुआ' की
ख़ुदा सँवारे ख़राब रातें
1 कुकर्मियों

ये बाग़ है मुन्तज़िर[1] तुम्हारा
खिली हुई हैं गुलाब रातें
1 प्रतीक्षारत

ख़ाली हुआ ही था कि खनकने लगा बदन
फिर हिज्र के नशे में बहकने लगा बदन

ये इ'त्र-वित्र क्या है किसी दिल-नशीं[1] के साथ
दो एक पल रुके थे महकने लगा बदन

1 दिल में रहने वाला, सुन्दर

शाख़-ए-विसाल[1] पर थी नई ख़्वाहिशों की धूप
सैक़ल[2] हुआ तो और चमकने लगा बदन

1 मिलन की टहनी 2 गर्द हटा कर चमकाना

पत्थर समझ के उसको गले तो लगा लिया
अन्दर वो आग थी कि छलकने लगा बदन

इस मस्अले[1] का हल भी तो होगा तुम्हारे पास
गर दिल के साथ साथ धड़कने लगा बदन

1 समस्या

तुम अपना पहला क़दम तो बढ़ाओ बिसमिल्लाह[1]
ख़ुदा सँभालने वाला है जाओ बिसमिल्लाह

1 अल्लाह के नाम से शुरू' करना

वो क्या था जिसमें मोहब्बत की जीत होती थी
सुनाओ फिर वही क़िस्सा सुनाओ बिसमिल्लाह

अगर ये जंग है तो मुझसे हार जाओगे
अगर ये इ'श्क़ है तो पास आओ बिसमिल्लाह

मिरे नसीब में लिख ही दिया है ज़ह्र का जाम
तो ऐ ज़मीं के ख़ुदाओ बढ़ाओ बिसमिल्लाह

तुम्हें पसन्द नहीं ये जहाँ तो छोड़ो इसे
बनाओ इक नई दुनिया बनाओ बिसमिल्लाह

क़रीब आने लगे हैं दूर के दिन
वही जी हाँ हमें मन्ज़ूर के दिन

ग़लत औक़ात में नाज़िल[1] हुए हम
फ़रिश्तों की हैं रातें हूर के दिन

1 अवतरित

ज़बानें काट कर समझाया उसने
ये हैं सुल्तानी-ए-जम्हूर[1] के दिन

1 लोकतंत्र, जनता की हुकूमत

वो उठते क्यों नहीं सज्दे में हैं जो
गए क्या सरमद-ओ-मन्सूर[1] के दिन

1 बादशाहों से न डरने वाले दो संत जिन्हें क़त्ल कर दिया गया

मुकम्मल छूट है नश्तर-ज़नी[1] की
मुबारक हों नए नासूर के दिन

1 चाक़ू से वार करना

अकड़ते थे बहुत, लो आ गए ना
नए चंगेज़ और तैमूर के दिन

मिली ईमान की मुँह माँगी क़ीमत
बड़ा मातम हुआ मस्रूर[1] के दिन

1 ख़ुश

दिल उसकी दस्तरस[1] से दूर है क्या
ये मुजिरिम आज भी मफ़रूर[2] है क्या
1 पहुंच, क़ाबू 2 भागा हुआ

ये दुनिया बोझ बनती जा रही है
तिरा आ'शिक़ कोई मज़्दूर है क्या

मैं अपने सच पे शर्मिन्दा नहीं हूँ
तुम्हें ये आइना मन्जूर[1] है क्या
1 स्वीकार्य

मोहब्बत वाले हैं कितने ज़मीं पर
अकेला चाँद ही बे-नूर[1] है क्या
1 रौशनी के बग़ैर

मैं अपनी तर्ह से दिल हारता हूँ
मोहब्बत का कोई मन्शूर[1] है क्या
1 घोषणा-पत्र

डराते हो ख़ुदा का नाम लेकर
ये बन्दा इस क़दर मज्बूर है क्या

जो तेरे साथ ज़रा देर तक रुका होता
मैं इक ख़याल से आगे नहीं गया होता

फ़क़ीर लोग रहे अपने-अपने हाल में मस्त
नहीं तो शह्र का नक़्शा बदल चुका होता

मैं अपने दिल से मुख़ातब[1] था ताजिरों[2] से नहीं
कि नाप-तौल के सब कुछ कहा सुना होता
1 संबोधित 2 व्यापारियों

वो बादशाह मोहब्बत में हार भी जाते
तो सल्तनत का बड़ा काम हो गया होता

कोई तो जाग गया होता बाग़ जलने तक
मिरी सदा[1] से किसी का भला हुआ होता
1 आवाज़

हम ऐसे लोग तो उक्ता गए थे इ'श्क़ से भी
वो बेवफ़ा नहीं होता तो जाने क्या होता

भला हुआ कि जुदा हो गया वो जादूगर
मैं बन्द आँखें लिए साथ चल रहा होता

वो अपने शह्र-ए-फ़राग़त[1] से कम निकलता है
निकल भी आए तो फ़ुर्सत से कम निकलता है
1 ऐ'श करने की जगह

मैं ख़ानक़ाह[1] के बाहर खड़ा हूँ मुद्दत से
यहाँ भी काम अ'क़ीदत[2] से कम निकलता है
1 सूफ़ियों का मठ 2 आस्था

फ़लक की सैर के पैग़ाम आते रहते हैं
बदन ही ख़ाक की दहशत से कम निकलता है

सँभल-सँभल के तो चलता है वो सितारा भी
तुम्हारी जैसी नज़ाकत से कम निकलता है

मैं नापता हूँ तो हर बार रक़्बा-ए-अफ़्लाक[1]
मिरी निगाह की वुस्अ'त[2] से कम निकलता है
1 आस्मान का क्षेत्रफल 2 फैलाव

हमेशा इ'श्क़ को ही माननी पड़ी है हार
हमेशा हुस्न ज़रूरत से कम निकलता है

ये नफ़रतों को मिटाने की ज़िद रहे बाक़ी
मगर ये काम मोहब्बत से कम निकलता है

पता सब है सताइश[1] और होगी
मिरी शोहरत की साज़िश और होगी
1 तारीफ़

बढ़ेगा और सूनापन ज़मीं का
यहाँ जितनी रिहाइश और होगी

हमारा साथ यूँ भी छूटना था
अभी तो आज़माइश और होगी

तो क्या हम हार दिल से मान जाएँ
नहीं! इक बार कोशिश और होगी

मैं ता'ने सुन चुका हूँ शह्र भर के
अभी उसकी नवाज़िश[1] और होगी
1 मेह्रबानी

न छोड़ोगे अगर इन्कार की लत
जो ख़्वाहिश है वो ख़्वाहिश और होगी

अपने तेवर से जो कर देता है सबको ला-कलाम[1]
उसकी ख़िदमत में करूँगा पेश आज अपना कलाम[2]

1 चुप 2 शाइ'री, बात

शहर में कोई मुझे पहचान ही पाता नहीं
और सहरा में किसी से मैं नहीं करता कलाम

मेरी ख़ामोशी की महफ़िल में कोई तो दाद दे
है कोई मेरे सिवा जो कह सके ऐसा कलाम

हम बुरे लोगों की सोहबत[1] ने किया उसको ख़राब
वो भी तन्हाई में दोहराता रहा अपना कलाम

1 संगत

मुख़्तलिफ़[1] अन्दाज़ की शादी है ये बारातियो
फूल सी ज़िन्दा ज़मीं और ज़हर सा सच्चा कलाम

1 अलग

सारे जज़्बों[1] के दुकाँ-दारों की जेबें भर गईं
बिक गया बाज़ार में जितना भी था सस्ता कलाम

1 भावना

पूछता है मुझसे क्या हो जाऊँ मैं
ये इशारा है फ़ना हो जाऊँ मैं

एक रक्अ'त[1] की नहीं कोई नमाज़
तू अ'ता[2] हो तो अदा हो जाऊँ मैं
1 नमाज़ का एक हिस्सा 2 मिलना, हासिल होना

इम्तिहाँ ले लूँ मैं साज़िन्दों का क्या
गाते गाते बेसुरा हो जाऊँ मैं

तू किसी का है मगर है तो वही
क्या पता फिर मुब्तला[1] हो जाऊँ मैं
1 गिरफ़्तार

उसकी पहली ही नज़र है कीमिया[1]
देख ले तो दूसरा हो जाऊँ मैं
1 रसायन, बदल देने में सक्षम

सोच लो अच्छी तरह ऐसा न हो
इन्तिक़ामन[1] बावफ़ा[2] हो जाऊँ मैं
1 प्रतिशोध में, बदला 2 वफ़ादार

वो जो सभी ख़ुदाओं का इक है ख़ुदा मिरे अ'ज़ीज़[1]
तुमको मिले तो भेजना उसका पता मिरे अ'ज़ीज़

1 दोस्त

उसने ख़ुश-आमदीद[1] अगर तुमको नहीं कहा तो क्या
सैकड़ों मिन्नतों के बा'द दर[2] तो खुला मिरे अ'ज़ीज़

1 सुस्वागतम 2 द्वार

लहरों ने झूम-झूम कर छेड़ा बतों[1] के ग़ोल[2] को
नह्र के आस-पास थी ऐसी हवा मिरे अ'ज़ीज़

1 बत्तख़, हंस 2 झुंड

ये तो बक़ा[1] की जंग थी उसको तो जीतना ही था
तुमने सिपर[2] ही डाल दी क्या ये किया मिरे अ'ज़ीज़

1 अस्तित्व 2 ढाल

एक क़दीम[1] शाम को रक़्स[2] किया पहन के मैं
हिज्र[3] में काम आ गई ये भी क़बा[4] मिरे अ'ज़ीज़

1 प्राचीन 2 नृत्य 3 विरह 4 पोशाक

जाइए छूट दी गई आपको क़त्ल-ए-आ'म की
आप हैं उ'र्फ़-ए-आ'म[1] में राहनुमा मिरे अ'ज़ीज़

1 प्रचलित नाम

कहीं से ढूँढ कर तो लाओ मुझको
अगर फिर हो सके मिल जाओ मुझको

मोहब्बत जल्दबाज़ी देख ली ना
समझ कर सोच कर ठुकराओ मुझको

तुम्हें तो सब फ़रिश्ते जानते हैं
मिरी जन्नत कभी दिखलाओ मुझको

बराए-शे'र[1] ही कह दो कोई शे'र
मज़ाक़न ही कभी मिल जाओ मुझको

1 बिना मक़सद शे'र कहना

सिवाए तुम जहाँ कोई नहीं हो
किसी ऐसी जगह छोड़ आओ मुझको

इतना तैयार तो मरने को नहीं है कोई
नाव है पार उतरने को नहीं है कोई

हमसे ही जश्न है मक़्तल[1] में ज़रा रोक के हाथ
फिर कहोगे तुम्हीं मरने को नहीं है कोई
1 सामूहिक वध की जगह

मेरी मिट्टी से बहुत खेल चुकी तेज़ हवा
मैं यगाना[1] था बिखरने को नहीं है कोई
1 अनुपम, लाजवाब

तर्बियत[1] ऐसी ग़ुलामों को मिली है इस बार
सब हैं करने को न करने को नहीं है कोई
1 प्रशिक्षण

देर तक आइना देता है सदाएँ मुझमें
तुम न आओ तो सँवरने को नहीं है कोई

बर्फ़ भी आज ही गिरनी थी मिरी साँसों में
आज तो आग भी भरने को नहीं है कोई

वा'दा-ए-वस्ल[1] पे लब-मोह्र लगाओ मिरी जान
ये लगे तो कि मुकरने को नहीं है कोई
1 मिलन का वा'दा

तुम्हारे रंग की भी क्या कोई ज़न्जीर मिलती है
नज़र चाहे जिधर जाए बस इक तस्वीर मिलती है

ये कौन अहमक़[1] बनाता है नई दुनिया के मन्सूबे[2]
यहाँ इन्सान तो मिलते नहीं ता'मीर[3] मिलती है

1 मूर्ख 2 योजना 3 इ'मारत, निर्माण

तराज़ू के ये बाज़ू जाने किसके काम आएँगे
हमें इन्साफ़ कब मिलता है बस तक़रीर मिलती है

उसी दर पर चले जाओ जहाँ सज्दे में थे कल रात
दवाएँ भी वहीं से लो जहाँ तासीर[1] मिलती है

1 प्रभावशीलता

बहुत आगे निकल जाना नहीं ख़्वाबों की मस्ती में
कि आँखें खोलते ही पाँव में ज़न्जीर मिलती है

सियाही में नहा कर सुर्ख़रु[1] हैं
मज़े में हैं जो अह्ल-ए-हाओ-हू[2] हैं
1 सफल 2 शोर मचाने वाले

न देखा ख़्वाब भी इक ख़्वाब जैसा
ग़रज़[1] मजबूरियों में बावुज़ू[2] हैं
1 अर्थात 2 पाक-साफ़

नहीं तफ़्सील[1] का क़ाइल नहीं मैं
यही अश्आ'र शर्ह-ए-आरज़ू[2] हैं
1 विस्तार 2 अभिलाषाओं की व्याख्या

नहीं मैं आज अपने आप में भी
वो आईने में किससे रूबरू हैं

ज़मीं वालो ज़रा हुशयार रहना
सभी क़ाबील[1] मह्व-ए-गुफ़्तुगू[2] हैं
1 दुनिया का पहला हत्यारा 2 बातों में व्यस्त

ये मैं हूँ और ये मेरी किताबें
भरी दुनिया में दो ही फ़ालतू हैं

लालच कुछ और दो कि फ़क़त[1] दीद क्या करें
कपड़े नए पहन लें मगर ई'द क्या करें

1 सिर्फ़

हम हैं शिकार-गाह[1] में आ'लम-पनाह[2] की
आ'लम-पनाह आपकी तन्क़ीद[3] क्या करें

1 शिकार की जगह 2 रक्षक, राजा 3 आलोचना

सूरज उगा के रख दें क़िले' की फ़सील[1] पर
हर रात इक बयान की तर्दीद[2] क्या करें

1 प्राचीर, दीवार 2 खंडन

सामान-ए-जाँ समेटें कि इतना नहीं है वक़्त
आँधी को दूर रहने की ताकीद क्या करें

मेरे नहीं सही मगर अच्छे हो सबसे तुम
अपने कहे की आप ही तर्दीद[1] क्या करें

1 खंडन

अब ज़िक्र मत कर ऐसी मोहब्बत का मेरे यार
थी ही नहीं सिरे से तो तज्दीद[1] क्या करें

1 दोबारा स्थापित करना

क्या क्या न गुल खिलाए गए दर्सगाह[1] में
बू-जहल[2] के मुरीद[3] से उम्मीद क्या करें

1 विद्यालय 2 अज्ञानता का जनक 3 भक्त

अपनी आग़ोश-ए-फ़राग़त में पड़ा रहता हूँ
वक़्त इतना है कि हैरत में पड़ा रहता हूँ

आ बताता हूँ तुझे कितनी हसीं है दुनिया
मैं जहाँ तेरी मोहब्बत में पड़ा रहता हूँ

तू मुझे जानता है और बहुत जानता है
बस इसी नश्शा-ए-शोहरत में पड़ा रहता हूँ

तुझसे मिलने का भी इम्कान[1] ज़ियाँ[2] लगता है
जाने किस आ'लम-ए-वहशत[3] में पड़ा रहता हूँ
1 संभावना 2 नुक़्सान 3 दीवानगी

जारी-ओ-सारी[1] है बस एक तमन्ना का तवाफ़[2]
रात दिन हुज्रा-ए-हसरत[3] में पड़ा रहता हूँ
1 निरन्तर 2 परिक्रमा 3 अपूर्ण इच्छाओं की कुटिया

हाथ अपने नहीं बढ़ते किसी ख़्वाहिश की तरफ़
ख़ाक[1] उड़ती है तो ख़ल्वत[2] में पड़ा रहता हूँ
1 धूल 2 अकेलापन, तन्हाई

मुझको बाँधा है किसी शाम की रक़्क़ासा[1] ने
सुर्मई हुस्न की चाहत में पड़ा रहता हूँ
1 नृत्यांगना

जिस्म की जागती दुनिया में अंधेरा कर के
मैं कि बस रूह की दहशत में पड़ा रहता हूँ

न सुर न ताल न ये साज़ से ही रौशन हैं
हमारे सीने तो अल्फ़ाज़ से ही रौशन हैं

लगी हैं आँखें तिरे जिस्म के हर इक तिल पर
ये ख़ुश-नसीब तिरे राज़ से ही रौशन हैं

बग़ावतों के ये पैग़ाम्बर[1] रहें आबाद
अंधेरी रात के आग़ाज़ से ही रौशन हैं
1 संदेश वाहक

तिरे बदन में ख़ज़ाने हैं सब मआ'नी[1] के
अगरचे लम्स[2] के ए'जाज़[3] से ही रौशन हैं
1 अर्थ 2 स्पर्श 3 चमत्कार

चमक बताने लगी है किसी के शे'रों की
तिरी निगाह-ए-सुख़न-साज़[1] से ही रौशन हैं
1 शाइ'री करने वाली नज़र

बिफर उट्ठा ज़बाँ से जूँ[1] ही निकली बात बोसे की
उधर क़िल्लत[2] मोहब्बत की इधर इफ़्रात[3] बोसे की
1 ज्यों 2 कमी 3 प्रचूरता

मैं जिसकी सल्तनत में कासा-बर्दारी[1] पे राज़ी था
उसी शहज़ादी ने जी भर के दी ख़ैरात बोसे की
1 भिक्षाटन

मुआ'फ़ी का तसव्वुर ही नहीं उसकी शरीअ'त[1] में
कल उसने इन्तिक़ामन[2] मुझ पे की बरसात बोसे की
1 दस्तूर 2 बदला लेने के लिए

ज़बाँ का गर्म बोसा[1] सैर जन्नत की करा लाया
ज़मीं वालो तुम्हें मा'लूम क्या औक़ात बोसे की
1 चुम्बन

लबों के दोनों मिस्रे' लब से मौज़ूँ करके देखे हैं
समझ में यूँ नहीं आई हैं मा'रूज़ात[1] बोसे की
1 आग्रह, निवेदन

तो ऐ हुस्न-ए-अज़ल[1] तुझसे इजाज़त चाहता हूँ मैं
इजाज़त चाहते हैं अब मिरे जज़्बात बोसे की
1 वो सौन्दर्य जो हमेशा से हो

लबों पर आख़िरी इक मोहर लग जाए तो सो जाऊँ
वगर्ना[1] ख़त्म होगी ही नहीं ये बात बोसे की
1 अन्यथा

चाहे बे-नूर[1] हों आँखों से भी ख़ुश होते हैं
हम तो बू-जह्ल[2] के फत्वों से भी ख़ुश होते हैं
1 दृष्टिहीन 2 अज्ञानता का जनक

ये सजावट के जो बाज़ार हैं बेकार नहीं
होंगे कुछ लोग जो चेहरों से भी ख़ुश होते हैं

हर नया लम्हा तआ'क़ुब[1] में है ता'बीरों[2] की
हम वो जागे हैं जो ख़्वाबों से भी ख़ुश होते हैं
1 पीछा करना 2 सपनों का अर्थ

ऐसे ही फूट के रोएगा कोई उनके लिए
लोग मजबूर के नालों[1] से भी ख़ुश होते हैं
1 विलाप

ये जो हर रोज़ का मरना है मुसीबत है यही
यार हम जैसे तो ज़ख़्मों से भी ख़ुश होते हैं

कोई है जो तिरी औक़ात बताता है तुझे
अब तो हम आइने वालों से भी ख़ुश होते हैं

मुश्क[1] वाले भी चले आते हैं भूले-भटके
ये जो सूफ़ी हैं ग़ज़ालों[2] से भी ख़ुश होते हैं
1 कस्तूरी 2 हिरण

बदन बदन की ज़रूरत से मार डाला गया
जो बच रहा वो मोहब्बत से मार डाला गया

न तित्लियों से था ख़तरा न जुगनुओं से ख़ौफ़
हमें तो ख़ैर शरारत से मार डाला गया

जो गर्द[1] आने न देते थे अपने कपड़ों तक
उन्हें भी कैसी नफ़ासत[2] से मार डाला गया
1 धूल 2 सफ़ाई, नर्मी

ख़ुदा-ए-हुस्न ख़राबी इसी नज़र में थी
इक आइना मिरी हैरत से मार डाला गया

तमाम ज़ोर-ए-ख़िताबत[1] ख़िलाफ़ था अपने
अ'दू[2] के इ'ल्म[3] की ताक़त से मार डाला गया
1 अभिभाषण की शक्ति 2 दुश्मन 3 ज्ञान

इक और शख़्स मिरे दोस्तों के अन्दर था
उसे थपक के मोहब्बत से मार डाला गया

कई गवाह भी कम आपको सज़ा के लिए
हमें तो एक शहादत[1] से मार डाला गया
1 गवाही

एक पल में टूटने को है समुन्दर का सुकूत[1]
ये इशारा कर रहा है रेत के घर का सुकूत
1 ख़ामोशी

हम बहुत पछताए आवाज़ों से रिश्ता जोड़ कर
शोर इक लम्हे का था और ज़िन्दगी भर का सुकूत

एक शाम ऐसी भी आए हम इन्हीं के हो रहें
ये उदासी के जज़ीरे[1] ये समुन्दर का सुकूत
1 टापू

कोई तो आवाज़ उभरे दिल के वीराने से अब
चाटता जाता है मुझको मेरे अन्दर का सुकूत

एक लम्हे में शफ़क़[1] के रंग को कजला[2] गई
उसकी पल भर की उदासी उसका पल भर का सुकूत
1 लाली 2 धुँधला होना

लाख कोई चीख़े चिल्लाए शोर अन्दर कब आता है
उनकी बस्ती के नक़्शे में अपना घर कब आता है

जाने कब से जाग रहे हैं बस इतना बतला दो अब
जिसके ख़्वाब दिखाते हो तुम वो मन्ज़र कब आता है

गुमराही[1] फैलाने वाले रोज़ अंधेरा लाते हैं
रोज़ हिदायत[2] देने वाला पैग़म्बर कब आता है
1 भटकाव 2 रास्ता दिखाना

उसकी आँखें पल दो पल ही तो चेहरे से हटती हैं
दिल का सारा दर्द सिमट कर होंठों पर कब आता है

वो तो ये ही कहेंगे सारा जंगल बिल्कुल चैन से है
उनकी शाख़ पे कोई परिन्दा ख़ून में तर कब आता है

रास्ते भर यही सोचते आए हैं
कैसे ज़िन्दा यहाँ तक चले आए हैं

अहमक़ों[1] को ये जन्नत पसन्द आ गई
क़ैद-ख़ाने घरों में चले आए हैं

1 मूर्खों

आप ही चैन की नींद सोने न दें
आप ही ख़्वाब भी बेचने आए हैं

हमने देखा है इक झूठ के सामने
आइने हाथ जोड़े हुए आए हैं

तेरी रौशन-ख़याली[1] से भी क्या मिला
मेरे हिस्से में बुझते दिए आए हैं

1 खुले विचार, उदारता

आप अपनी मौत मर जाने दिया
दिल को नज़रों से उतर जाने दिया

रोक सकता था मैं जाते वक़्त को
उसकी मर्ज़ी थी गुज़र जाने दिया

ताश के पत्तों से इक दुनिया रची
और फिर सब कुछ बिखर जाने दिया

साथ मेरा और इक उलझन का था
जिसने अपनाया न घर जाने दिया

रास्ता भूली हुई आवाज़ ने
चन्द शामों को सँवर जाने दिया

एक अन्देशे[1] की आहट क्या सुनी
अपने ख़्वाबों को बिखर जाने दिया

1 आशंका

बे-मौसम की बारिश में दुनिया जल-थल हो जाए
अपना दुख कह दूँ तो पत्थर भी पागल हो जाए

मेरी रगों[1] में फैल रहा है महरूमी[2] का ज़ह्र
जिस दरिया पर जान लुटाऊँ वो बादल हो जाए
1 नसों 2 वंचित होना, खोना

अपने लिए तो एक से हैं सब ख़ित्ते[1] दुनिया के
जिस धरती पर पाँव रखें हम वो दलदल हो जाए
1 इ'लाक़े

हम को है औक़ात मोहज़्ज़ब[1] लोगों की मा'लूम
एक दरिन्दा जब चाहे बस्ती जंगल हो जाए
1 शालीन, सुसंस्कृत

क़रीब आ कि इरादे लहू के देखते हैं
दहकती आग को होंठों से छू के देखते हैं

उधर उगाती है फ़स्लें इधर डुबोती है
करिश्मे हम भी तिरी आबजू[1] के देखते हैं
1 नदी

उन्हें हो पर्वा[1] ही क्यों प्यार करने वालों की
वो हौसले तो फ़क़त[2] जंगजू[3] के देखते हैं
1 परवाह 2 केवल 3 जंग करने वाला

इक-एक करके घरों को जलाए जाता है
करिश्मे रोज़ किसी सुल्ह-ख़ू[1] के देखते हैं
1 शांतिप्रिय, सुल्ह-पसन्द

ज़रा सी धूप बदन को गराँ[1] गुज़रती है
ये लोग ख़्वाब मगर रंग-ओ-बू के देखते हैं
1 भारी, असहनीय

मैं जानता हूँ अज़िय्यत-पसन्द[1] लोगों को
जो मुस्कुरा के मनाज़िर[2] लहू के देखते हैं
1 यातना दे कर ख़ुश होने वाला 2 दृश्य

सियाही[1] में तो साया डूबता है
कहा किसने सितारा डूबता है
1 अंधेरा

ज़माने से अलग इक चाँद देखा
ख़यालों में उभरता डूबता है

ये कह कर ख़ुद को समझाता रहा हूँ
कि सूरज भी तो तन्हा डूबता है

ये सारे फूल दरिया में गिरा दो
नहीं तो अब शिकारा डूबता है

चला आता है मीनारों पे पानी
अबाबीलो[1] बसेरा डूबता है
1 चिड़ियों की एक प्रजाति

मन्सब[1] से मोहब्बत की सुबुक-दोश[2] हुआ मैं
आवाज़ लगाते रहो ख़ामोश हुआ मैं

1 पद, प्रतिष्ठा 2 बोझ से हल्का होना, निवृत्त

इस बार वो शो'ला नए अन्दाज़ से भड़का
इक आन में सौ-बार सियह-पोश[1] हुआ मैं

1 भस्म होना, अंधेरे में डूब जाना

ईमान का फ़ुक़्दान[1] तो पहले की तरह था
इक ना'रा-ए-तक्बीर[2] से पुर-जोश हुआ मैं

1 कमी 2 मुसलमानों का मज़हबी ना'रा

कुछ नक़्स था तौबा में उसी की तो हुआ ये
याद आ गया यकलख़्त[1] फ़रामोश[2] हुआ मैं

1 सहसा 2 भूला हुआ

इस बार तिरे जिस्म की ख़ुश्बू ही अलग थी
पत्थर हुआ जाता था हम-आग़ोश हुआ मैं

इस्रार[1] था ऐ'लान-ए-मोहब्बत पे सभी को
इस दर्जा बढ़ा शोर गराँ-गोश[2] हुआ मैं

1 आग्रह 2 कानों पर भारी, बहरा

थे इक ख़ुदा के सामने इतने पसारे हाथ
इक दूसरे की डोर न आई हमारे हाथ

साहिल की नर्म रेत पे कुछ देर तो रुको
दरिया मिरा बदन है तो दोनों किनारे हाथ

रख कर हमें घुमा दिया ख़्वाहिश के चाक पर
तुमने अलग ही ढंग से थामे हमारे हाथ

नाहक़[1] हमारी जान का तुमने ज़ियाँ[2] किया
पहले भी कम हसीन नहीं थे तुम्हारे हाथ

1 व्यर्थ, बेकार 2 नुक़सान, हानि

सहरा में हूँ तो क़ैस[1] बराबर खड़ा हुआ
रेत आँखों में पड़े कि अब आएँ सितारे हाथ

1 मजनूं का नाम

उसके सिवा हर एक की मुश्किल में जान है
दर-अस्ल सिर्फ़ बाज़ू-ए-क़ातिल में जान है

इक सच भी गर ज़बान से निकले तो लोग-बाग
चिल्ला के दौड़ पड़ते हैं बिस्मिल[1] में जान है
1 ज़ख़्मी, मरा हुआ

इस ख़ुद-अज़िय्यती[1] को मोहब्बत कहेगा कौन
अच्छा हूँ मेरी जान कि मुश्किल में जान है
1 स्वयातना, स्वयं को कष्ट देना

इस इक सदा की गूंज रहेगी गली-गली
ज़िन्दा रहेगा शह्‌र कि साइल[1] में जान है
1 माँगने वाला, भिक्षू

ज़ख़्मी शिकार जान बचा कर निकल गया
या'नी शिकारियों की भी मुश्किल में जान है

समझा के हार-हार गया जलपरी को मैं
अब भी समझ रही है कि साहिल में जान है

कुछ हमें छूट भी मिल जाए ख़ुराफ़ात की अब
हम जो मामूर[1] हैं ताईद[2] पे हर बात की अब
1 तैनात 2 समर्थन

अपनी मस्रुफ़ियत[1] आप और बढ़ाते जाएँ
हम तो अ'र्ज़ी लिए जाते हैं मुलाक़ात की अब
1 व्यवस्तता

हिज्र का चाँद ज़रूरत से ज़ियादा रौशन
रौनक़ें ऐसे बढ़ाओगे मिरी रात की अब

नाच कर थक चुके सब तेरे ख़रीदे हुए मोर
झूठ की फ़स्ल को उम्मीद है बरसात की अब

अ'द्ल[1] क्या मिलना है कश्कोल[2] बचा रह जाए
सिर्फ़ ज़न्जीर हिलाते रहो ख़ैरात[3] की अब
1 इन्साफ़ 2 भिक्षा-पात्र 3 भीख

ज़रूर भूल हुई है कहीं सुनाने में
ये वाक़िआ'[1] तो कहीं भी न था फ़साने में

1 घटना

मिरे लिए ही हुआ एहतिमाम-ए-जश्न[1] मगर
जगह न मिल सकी मुझको ही शामियाने में

1 जश्न की तैयारी

फ़रेफ़्ता[1] है हर इक शख़्स अपनी सूरत पर
मैं आ गया हूँ ये कैसे फ़रेब-ख़ाने[2] में

1 मुग्ध 2 धोखा खाने की जगह

अंधेरे और घने हद से भी घने होंगे
वो चूक अब के हुई है दिया जलाने में

बड़े घरों में रही है बहुत ज़माने तक
ख़ुशी का जी नहीं लगता ग़रीब-ख़ाने[1] में

1 अपने घर के लिए विनम्रता सूचक शब्द

वो मुझको मैं किसी को मनाने निकल गया
इक वक़्त था जो वक़्त से पहले निकल गया

माह-ओ-नुजूम[1] कम हुए अस्बाब[2] में मिरे
फिर डर का आस्मान भी दिल से निकल गया
1 चाँद-सितारे 2 सामान

नाज़ुक बहुत था उसकी गली का मुआ'मला
अपनी उदासियों को सँभाले निकल गया

इक बार दिल में जागी नई आग की हवस
इक रास्ता नदी के किनारे निकल गया

कल मुझको छू गया कोई झोंका बहार का
वो भी ज़माना आँख झपकते निकल गया

तौफ़ीक़-ए-शे'र[1] मुझको अ'ता भी हुई तो कब
जब आ'रिज़ा[2] अ'रूज़[3] से आगे निकल गया
1 शाइ'री की सामर्थ्य 2 रोग 3 छन्द-विज्ञान

हम तशद्दुद[1] के इस्तिआ'रे[2] नहीं
क्या कोई साँप को भी मारे नहीं

1 हिंसा 2 रूपक

मिन्नतें की तो थीं यज़ीदों[1] से
मैं नदी हूँ मिरे किनारे नहीं

1 इमाम हुसैन के हत्यारे

हाथ में हाथ दे तो आऊँ मैं
डूबना है तो फिर पुकारे नहीं

उससे ख़ुद फ़ास्ले बढ़ाए हैं
हार जीती है हमने हारे नहीं

तुम बने हो बड़ी मोहब्बत से
रंग ने ख़ुद ही रूप धारे नहीं

अब ये सैलाब रोको क़त्तालो[1]
ये मिरे आँसुओं के धारे नहीं

1 हत्यारो

कश्तियाँ मैं जला चुका हूँ मगर
उसको समझाओ यूँ पुकारे नहीं

ये ही साबित करो कि सो जाएँ
हो किसी और के हमारे नहीं

दुनिया है अह्ल-ए-इ'श्क़[1] को सबसे बुरी जगह
ढूँढें ख़ुदा के वास्ते कोई नई जगह
1 प्रेम करने वाले

था इक हसीं गुनाह उसी की सज़ा के तौर
आबाद की गई है ये बेकार सी जगह

क्या कह के उसने दिल से निकाला है हाय-हाय
अब क्या तमाम उ'म्र रहोगे इसी जगह

माहौलियात[1] का ये तवाज़ुन[2] है कुल मज़ाक़
इन्साँ कहीं कहीं हैं दरिन्दे सभी जगह
1 पर्यावरण 2 सन्तुलन

चुपचाप यूँही नार-ए-हवस[1] में पड़े रहो
होगी न इस बहिश्त[2] से अच्छी कोई जगह
1 वासना की आग 2 जन्नत

अब मेरे ए'तिकाफ़[1] पे वो भी हैं मो'तरिज़[2]
आ जा चुके हैं ख़ुद जो हर अच्छी बुरी जगह
1 रमज़ान के आख़िरी दस दिनों के लिए मस्जिद में ही रहना और इ'बादत करना 2 शिकायत करना, आलोचना

इक दूसरे से दिल तो हमारे भरे नहीं
दुनिया ने अब भी घेर रखी है बड़ी जगह

बात फिर निकली नई इक बात से
लफ़्ज़ आगे बढ़ गए औक़ात[1] से
1 सामर्थ्य

मैं हूँ सदियों का अंधेरा मेरी जान
आप तो जागे हुए हैं रात से

पानियों ने पानियों से जंग की
आज फिर आँखें लड़ीं बरसात से

तुम धरे बैठे रहो हाथों पे हाथ
दर्द भी अब जा रहा है हाथ से

आ'लम-ए-बाला[1] में कैसी शाइ'री
दाद लें क्या हूर से जिन्नात से
1 परलोक

तुम बरसते भी नहीं हो खुल के अब
और क्या माँगा करें बरसात से

आया सज्दे में ये बेहूदा ख़याल
इतनी उम्मीद इक ख़ुदा की ज़ात से

मुतफ़र्रिक़ात

सीधा मुआ'मला है मिरे और ख़ुदा के बीच
दुनिया से कह दो आए न हर्गिज़ हमारे बीच

हम बुत-परस्त[1] कब थे मगर ऐसा हो गया
वो संग जितनी देर रहा चूमते रहे

1 मूर्ति पूजक

अकेले हमीं तो नहीं इ'श्क़ बिन
ज़माने में हैं बे-लिबास और भी

रोक दो ये रौशनी की तेज़ धार
मेरी मिट्टी में गुँधी है रात भी

बड़े काम के थे जो पत्थर लगे
मोहब्बत बढ़ी आस-पास और भी

उसी सवाल से होगा कलाम का आग़ाज़
वहीं मिलेंगे जहाँ कल बिछड़ गए थे हम

जादू तमाम सिमटा हुआ ख़द्द-ओ-ख़ाल[1] तक
आँखों का सारा इ'ल्म[2] बदन के जमाल[3] तक

1 शक्ल व सूरत 2 ज्ञान 3 सौन्दर्य

दुनिया को जो नुक़्सान हुआ हमसे हुआ है
हम लोग जो बाज़ार के बाहर से निकल आए

इस कहानी में नया मोड़ तो आने से रहा
रूठने वाले नहीं होंगे मनाने वाले

उसे पता था कि अब लौटना नहीं मुम्किन
सो बार-बार गले से लगा रहा था मुझे

पहली सी रौशनी हर बार तो होने से रही
दिल से काग़ज़ को जलाया है दुबारा मैंने

एहतिजाजन[1] भर लिया हमने उसे आग़ोश में
रूह की दहशत से आ'शिक़ जिस्म तक आते नहीं

1 प्रतिरोध में

मैंने तो शाइ'री के लिए ही किया था इ'श्क़
मरना क़बूल कर लिया जन्नत के वास्ते

पहले ख़ुद आइने से निकल आइए जनाब
फिर बोलिएगा जिस्म से आगे भी देखिए

रूह की थाप न रोको कि क़यामत होगी
तुमको मा'लूम नहीं कौन कहाँ रक़्स में है

डाल रक्खा है गले में वो हवस का ता'वीज़
इ'श्क़ करना भी मैं चाहूँ तो नहीं हो सकता

वो मेरे लम्स से महताब बन गया होता
मगर मिला भी तो जुगनू पकड़ने वालों को

दिन को रुख़्सत किया बहाने से
रात थी वो मिरे सितारे की

मेहनत के बराबर न हो उजरत तो मज़ा क्या
बस एक मोहब्बत के लिए दिल न हुआ जाए

अब हँसने वाला कौन है लाशों के ढेर पर
रौनक़ तमाम आपकी ज़िन्दा-दिली से है

सुनो मैं हिज्र में क़ाइल नहीं हूँ रोने का
कहो तो जश्न ये अपनी तरह मना लूँ मैं

हर कोई देख रहा है तुझे इक मेरे सिवा
और तिरे दिल के सिवा चारों तरफ़ हूँ मैं भी

बहुत मस्रूफ़ तो मैं भी हूँ लेकिन
तुम्हें तुमसे मिलाने आ गया हूँ

रो-रो के लोग कहते थे जाती रहेगी आँख
ऐसा नहीं हुआ मिरी बीनाई[1] बढ़ गई

1 आँखों की रौशनी

सोचता हूँ कि डरने का नाटक करूँ
सुन रहा हूँ बहुत तेज़ तल्वार है

जो ख़ुदाई पर मुसिर[1] हों उनसे लड़ता हूँ ज़रूर
और जलाने के लिए लेता हूँ रब का नाम और

1 किसी बात पर अड़ना

लब से लब आँखों से आँखें तन से तन मिलने लगे
जिनकी रूहें भी न थीं उनको बदन मिलने लगे

इतनी ता'ज़ीम[1] हुई शह्र में उ'र्यानी[2] की
रात आँखों ने भी जी भर के बदन-ख़्वानी[3] की

1 बड़ाई, सम्मान 2 नग्नता 3 बदन को पढ़ना

इ'श्क़ करने ही चले हैं तो करें ढंग का इ'श्क़
ठान रक्खी है कि लेना है उसी ताक़ से आग

फूल वो रखता गया और मैंने रोका तक नहीं
डूब भी सकती है मेरी नाव सोचा तक नहीं

मेरी ख़ुशियों से वो रिश्ता है तुम्हारा अब तक
ई'द हो जाए अगर ई'द मुबारक कह दो

मैं अगर तुझको मिला सकता हूँ मेह्र-ओ-माह से
अपने लिक्खे पर सियाही भी छिड़क सकता हूँ मैं

आख़िरी इ'श्क़ सबसे पहले किया
हर शुरूआ'त इन्तिहा से की

मैं ख़ानक़ाह-ए-बदन से उदास लौट आया
यहाँ भी चाहने वालों में ख़ाक बटती है

बदन ने कितनी बढ़ा ली है सल्तनत अपनी
बसे हैं इ'श्क़-ओ-हवस सब इसी इ'लाक़े में

भरी है हुस्न से कमज़र्फ़[1] दुनिया
बड़ी मुश्किल से मैं ख़ुद को मिला हूँ

1 कमीना

ये जो अशआ'र हैं काग़ज़ पे बनी क़ब्रें हैं
हम भटकती हुई रूहों के सिवा कुछ भी नहीं

हार का ज़ाएक़ा भी चख लूँ मैं
है कोई जंग जीतने वाला

कुछ न था मेरे पास खोने को
तुम मिले हो तो डर गया हूँ मैं

BOOKS

रेख़्ता बुक्स के प्रकाशन

देवनागरी

1 क़श्क़ा खींचा दैर में बैठा	फ़रहत एहसास
2 अब मैं अक्सर मैं नहीं रहता	अनवर शुऊ'र
3 मौसम इतना सर्द नहीं था	ज़ुल्फ़िक़ार आ'दिल
4 खिड़की तो मैं ने खोल ही ली	शारिक़ कैफ़ी
5 ग़ज़ल उसने छेड़ी (खंड 1,2,3,4,5,6)	संकलनः फ़रहत एहसास
6 सुब्ह-बख़ैर ज़िन्दगी	अमीर इमाम
7 अकेलेपन की इन्तिहा	जमाल एहसानी
8 सभी रंग तुम्हारे निकले	सालिम सलीम
9 तिरी सदा का इन्तिज़ार	ख़लीलुर्रहमान आ'ज़मी
10 इक शाम तुम्हारे हिस्से की	काशिफ़ ग़ाइर
11 रौशनी जारी करो	मनीष शुक्ला
12 लिफ़ाफ़े में रौशनी	मोहम्मद अ'ल्वी
13 मन्ज़र-ए-शब-ताब	इ'रफ़ान सिद्दीक़ी
14 मिट्टी की सुंदरता देखो	सर्वत हुसैन
15 आख़िरी इ'श्क़ सबसे पहले किया	नो'मान शौक़
16 शाम के बा'द कुछ नहीं	शाहीन अ'ब्बास
17 गुलशन	मुज़्तर ख़ैराबादी
18 मोहब्बत जब नहीं होगी	आफ़्ताब हुसैन
19 किताब गुमराह कर रही है	शहराम सरमदी

20 जिस्म का बर्तन सर्द पड़ा है	अमीर हमज़ा साक़िब
21 ग़ज़ल का शोर	ज़फ़र इक़बाल
22 क़ाफ़िला-ए-नौ-बहार	संकलनः विकास शर्मा राज़
23 मौजूद की निस्बत से	महेन्द्र कुमार सानी
24 दुख नए कपड़े बदल कर	शारिक़ कैफ़ी
25 ज़ौक़	संकलनः फ़रहत एहसास
26 मोहब्बत करके देखो ना	फ़रहत एहसास

उर्दू

1 आख़िरी पहर की दस्तक	शमीम हन्फ़ी
2 औराक़-ए-ख़िज़ानी	अहमद मुश्ताक़
3 वाहिमा वजूद का	सालिम सलीम
4 गुलशन	मुज़्तर ख़ैराबादी

संपर्क

रेख़्ता फ़ाउन्डेशन

बी-37, सेक्टर – 1

नोएडा, यू.पी. – 201301